Préface

La première naissance d'un poulain est quand il sort du ventre de sa mère. Il apprend aussitôt avec elle, et son environnement, comment être cheval. Certains chevaux peuvent connaître une deuxième naissance, une naissance à l'humanité. C'est le cas de Hope, dont j'ai eu la chance, grâce à ce confinement aux causes pourtant si dramatiques, d'observer la métamorphose.

L'observation précise du comportement des chevaux – l'éthologie - apporte une précieuse compréhension de leurs réactions visibles. Riches de ces nouveaux savoirs et séduits par l'efficacité de leurs applications, les professionnels du cheval modifient leurs gestes, leurs déplacements, leur position dans l'espace, le rythme de leurs demandes, leur intensité ... Mais que serait cette équitation dite « éthologique » sans un sérieux positionnement éthique ? Il ne s'agit pas d'utiliser cette science qu'est l'éthologie comme une nouvelle arme pour asservir les chevaux. Nous sommes responsables de ce pouvoir que nous donnent les savoirs éthologiques. A nous de les utiliser à bon escient, en faisant en sorte que méthodes et techniques n'assourdissent pas la voix des chevaux.

C'est en ce sens que, pendant ces deux mois, j'ai admiré le travail quotidien de Jessica, dans son équilibre subtil entre la prise de leadership nécessaire à la réassurance d'un jeune cheval dont les repères sont modifiés, et l'écoute fine et attentive de ce qu'il vit sur un plan émotionnel. Tout l'art d'être présent et consistant, en étant aussi capable d'attendre, de recevoir, d'accueillir. En confiance, Hope s'ouvre à Jessica.

Nous suivons ici le cheminement de Jessica et les questions que lui pose Hope dans les deux premiers mois de son « débourrage ». Nous découvrons Hope avec elle, en même temps qu'il se révèle et nous dévoile quel « cheval d'homme » il sera. Car s'il existe des « Hommes » et des « Femmes de cheval », il existe aussi des « Chevaux d'homme ». Gageons que Hope sera un de ceux-ci : nous voyons les expressions de son visage changer au fur et à mesure qu'il apprend nos codes, tandis que Jessica apprend à parler son langage, en s'appuyant sur les clés livrées par les éthologues.

Accueillir ce qu'un cheval a à dire est bouleversant, et nous change profondément. Chaque rencontre vraie nous modifie. A l'encontre de ce que transmet l'air du temps, Jessica nous rappelle qu'il existe aussi des contaminations heureuses.

Lise Pacholder
(Mai 2020)

Au départ, 18 mars 2020 :

Centre équestre vide, temps suspendu et Hope.

Cet après-midi, je suis allée ranger dans le manège les chandeliers que mes chevaux avaient bousculés durant la nuit... Oui, parce que j'ai lâché mes quatre Fantastiques en liberté dans le centre équestre désormais vide, un peu pour qu'ils broutent les bordures et m'économisent du foin, beaucoup pour le plaisir de leur présence autour de moi. Je les entends arpenter la dalle des écuries à la recherche de grains à grappiller, je les vois par mes fenêtres quand ils viennent vérifier que je suis bien à la maison. Et je ne m'inquiète pas de ne pas les voir quand je me lève le matin, car ils passent la fin de la nuit au manège, entre les cônes derrière lesquels les poneys ne font plus les coins, et les chandeliers dont les taquets ne portent plus de barres depuis plusieurs jours maintenant.
Vide, le centre équestre paraît tout petit... A croire qu'il s'agrandissait chaque mercredi pour recevoir tous les cavaliers. Et moi aussi, je me sens minuscule et inutile. Mais je suis allée ranger le manège car une idée m'est venue : pourquoi ne pas consacrer à Hope tout ce temps dont je ne dispose jamais d'habitude ? J'ai enfin du temps pour l'Espoir. Tout un programme, non ?
Hope est le dernier poulain né chez moi. Il a aujourd'hui trois ans, l'âge auquel un jeune cheval peut commencer à apprendre l'équitation, ce langage commun entre nos deux espèces. On appelle ça un « débourrage », en référence à la "bourre" laineuse et protectrice que perdent les

poulains en grandissant, signe qu'ils sont physiquement prêts au travail ; ou plutôt, à notre époque, prêts aux activités sportives.

Hope a perdu sa bourre depuis longtemps. Il est aujourd'hui un magnifique cheval entier (non castré) à la fierté très virile, bien qu'il porte une robe bai cerise du dernier chic. Sa tête aux traits ciselés caractéristiques de la race Pur-sang arabe est cependant rendue moins altière, mais plus familière, par les grandes oreilles poilues de la race Anglo-arabe et par la douceur du regard que Hope tient de son exceptionnelle maman, Rose. Et entre ces deux yeux où se reflète une bienveillance un peu passive, mais toujours finement étudiée, s'enroulent deux épis côte à côte, marque rare et portée par tous les poulains de maman Rose que j'ai connus.

Il a été un temps où je ne réfléchissais pas aux débourrages, surtout quand je les faisais en tant que prestation professionnelle. C'était un truc à faire, un peu dangereux, souvent exaltant, mais assez flippant aussi. Et puis il m'est arrivé deux choses. D'abord la découverte des méthodes éthologiques avec le débourrage de Nana, la demi-soeur de Hope, que j'avais commencé chez Nolwenn Zollinger, une chuchoteuse que ma soeur, toujours à la pointe de la communication, m'avait fait découvrir. Ensuite la chute d'un cheval que j'avais au débourrage : le cheval était tombé sur moi. La seule vraie frayeur de ma carrière équestre, pourtant bien pourvue en vols planés, coups de pied, de tête ou de dents. Cela m'a fait réaliser que le débourrage, même éthologique, n'était plus envisageable pour moi si je voulais continuer à assumer mes responsabilités de dirigeante de centre équestre. A chacun son métier. J'ai décidé de ne débourrer désormais que mes poulains, ceux nés à la maison et dont je connaissais le caractère et l'origine, ce qui me permettrait d'anticiper beaucoup mieux les situations délicates.

Je ne regrette pas cette décision, ni la disponibilité d'esprit qu'elle m'a apportée pour mon dernier débourrage, celui de Fairytale, une jument née chez moi et destinée à une amie chère. Cette disponibilité, associée à ma progression dans les savoirs éthologiques - grâce notamment à Luc Dutoit et Aude Gasc - ont rendu le débourrage de Fairytale très différent des précédents. Pour la première fois j'ai vraiment pris en compte l'individu cheval avec ses spécificités mentales et physiques, ses blocages émotionnels et ses facilités d'apprentissage. Et j'ai pu aussi porter mon attention sur la manière dont je me positionnais en tant que leader, sur mes limites physiques et émotionnelles et sur ce qu'elles impliquaient dans mon comportement et l'organisation de mon travail.

Me voici donc aujourd'hui devant Hope, avec ce bagage et ce temps libre. Hope pour lequel j'ai pris un engagement incommensurable en faisant naître un animal sélectionné pour le sport, fragilisé physiquement par la génétique pour notre plaisir, dépendant dès sa conception de l'être humain. Il doit connaître des codes pour qu'on puisse répondre à ses besoins de soins, bien sûr, mais aussi à son besoin de courir, de se surpasser, d'être le plus beau et le plus rapide, de faire monter la dopamine et les endorphines. Peut-être même répondre aux besoins intellectuels de ces chevaux sélectionnés depuis des générations pour être en interaction avec l'homme, en dépassant leurs instincts de proie. Eh oui, l'éducation d'un cheval, c'est toutes ces responsabilités-là, c'est la seule manière éthique de "posséder" un animal !

Je me suis dit aussi que cela pourrait peut-être intéresser quelques personnes de partager ces moments, accompagnés de mes réflexions. Une façon de transmettre alors que le manège reste vide...

J'ai pris le parti de donner le nom de mes enseignants. Si vous êtes en recherche de références, je ne suis pas spécialisée dans l'enseignement des savoirs éthologiques... Alors il faut rendre à César ce qui lui appartient !

18 mars, jour 1 :

Join-up, crottins et cessions.

En fait ce n'est pas vraiment la première séance puisque Hope et moi en avons déjà fait deux avec Aude Gasc. Elles ont été très instructives, notamment sur le join-up, une technique qui incite le cheval à trouver que se rapprocher de vous, c'est vraiment une meilleure idée que de courir comme un dératé autour de vous. Je ne ferai pas de cours d'équitation éthologique, je ne suis pas diplômée, mais vous avez de la littérature à foison sur le sujet. J'essaie simplement d'employer les bons termes techniques en guise de référence, correction des pros bienvenues !

Hope entre dans le manège calme mais un peu distrait par Like, son compagnon de pré qui, resté seul dans le pré voisin, hennit comme un poulain qu'on vient de sevrer (il a 21 ans, le papy !). En plus, Hope n'a qu'une idée en tête : sentir TOUS les crottins du manège. Et comme c'est la terrasse ombragée de mes quatre Fantastiques, autant dire que je ne suis pas prête d'être la priorité de ses attentions. Comme dit Luc Dutoit, c'est très difficile pour le cavalier de se rendre plus intéressant qu'un crottin : l'équitation, école de l'humilité ! Je décide donc de lâcher Hope en liberté et de reprendre sur les bases du join-up déjà vues avec Aude.

Je ne pousse pas trop loin parce que je suis seule et que c'est moi qui ne vais pas tenir la distance physiquement, vu que Hope n'est pas très réactif, même aux claquements de chambrière. Au bout de dix minutes, je vois les premiers signes de son attention. Je relâche la pression une ou deux fois un peu trop tôt, puis Hope s'immobilise en me regardant. Et là, c'est impressionnant comme les codes sont déjà en place. Je lui bouge les hanches à distance deux ou trois fois, et il me suit déjà comme un toutou, je ne peux pas reculer assez loin pour lui "échapper". Connexion réseau cinq barres maximum en quinze minutes. On commence fort !

Comme il transpire pas mal, je reste au calme pour un peu de désensibilisation. La main partout, la longe partout, la longe qui bouge partout, la longe qui passe par-dessus l'encolure, la croupe… Bon, ça va. Ses point sensibles "orange" sont la croupe et le garrot : bon à savoir pour le passage de jambe et la pose de la selle. La tête, les oreilles, le ventre, les membres… tous verts ! Le filet ne sera pas un problème.

On commence les cessions d'encolure. Dur, dur ! A droite, ça ne passe pas du tout. Hope bouge beaucoup. Je finis par exploiter lâchement une promeneuse qui capte toute l'attention de Hope sur le chemin en contre-haut du manège. Je le mets dos au chemin et il est obligé de tourner la tête pour la voir. Eh oui, je suis une sale opportuniste ! Mais ça fonctionne. Ensuite Hope donne la tête à droite et à gauche même sans personne sur le chemin, ce qui m'évite d'aller embaucher cette dame pour la fin du débourrage et de lui fournir tous les jours une attestation de déplacement.

La cession vers le bas est une vraie galère. Hope résiste passivement, sans se défendre, mais avec beaucoup d'aplomb, même quand je fais un point de pression sur la nuque. Je finis par le faire céder avec des mini cessions droite/gauche. Et une fois que c'est acquis, même si ce n'est pas le truc qu'il préfère faire, il cède très rapidement, nez au sol. Ouf ! J'ai cru que j'allais rencontrer mes limites physiques parce que tout mon poids pendu au licol éthologique, ça ne semblait pas du tout, mais pas du tout le gêner !

Désensibilisation au carrot stick rapide et sans problème. Je déplace les épaules et les hanches sans souci non plus, même si le passage du postérieur gauche est moins facile. Je décide donc d'essayer d'envoyer sur le cercle. Hope le fait mais je vois qu'il atteint sa limite de concentration. En plus, il semble avoir une furieuse envie de se rouler. Je profite d'une fin de cercle sur un très beau désengagement demandé à distance pour le lâcher.

Hope, bien sûr, commence une inspection méticuleuse de TOUS les crottins si fascinants sur lesquels il peut enfin se concentrer. Puis il se roule assez rageusement, sûrement une façon d'évacuer son stress et de marquer ce territoire déjà bien investi par Bloomy, un rival en puissance. Quand je veux le rattraper, Monsieur s'éloigne pour continuer sa vie au manège. Bon, ben… Deuxième join-up, on n'a pas fini de faire claquer la chambrière !

Heureusement, et en plus devant Laura, mon élève monitrice qui vient d'arriver, le join-up et le déplacement des hanches à distance sont efficaces en cinq minutes et de manière encore plus spectaculaire que la première fois : c'est entre des barres et des cubes entremêlés que Hope me "poursuit' pour revenir au contact. Quand ça se passe comme ça, j'ai l'impression d'avoir sorti une expression idiomatique anglaise juste à propos, alors que je ne savais pas exactement ce qu'elle voulait dire au départ. L'éthologie me fait des effets comme ça, et très souvent lors des embarquements en van ou en camion. Mais là, sur un join-up, c'est la première fois.

19 mars , jour 2 :
   Cercle, cube hippophage et lancer de tapis.

Ce matin, lorsque je m'avance vers le pré, j'éprouve cette joie que les cavaliers connaissent bien, pour laquelle ils respirent et qui leur permet de dézinguer les arguments végans d'exploitation animale sur les réseaux sociaux : Hope vient à la porte du pré quand il me voit. Contrairement à hier, il n'a pas le moindre mouvement de recul quand je lui passe le licol et il a vraiment un air de "chouette, on va refaire des trucs un peu stressants mais rigolos". Du coup, comme il est ostensiblement déjà avec moi, je pars directement sur un travail en longe, sans le lâcher au préalable.

En effet il est très concentré, prêt à me réciter sa table de 9 à l'envers et assez fier de gérer la situation devant le troupeau de poneys qui s'est installé pour le spectacle - ils commencent à s'ennuyer du manège, ceux-là ! Je bouge de nouveau les hanches et les épaules au stick assez facilement et je pousse un peu plus loin en attendant un vrai croisement des postérieurs ou des antérieurs. Toujours cette difficulté d'engagement du postérieur gauche alors que Hope se déplace comme un petit crabe de l'autre côté… Un point d'ostéopathie à se mettre dans l'esprit.

Je veux donc le renvoyer sur le cercle, puisque nous nous sommes arrêtés sur quelque chose de juste suffisant hier. Bon, en fait, ce n'était pas suffisant du tout. Autant Hope me suit en longe avec beaucoup de légèreté et de respect, autant partir seul sur le cercle lui pose une vraie question. Il se stresse beaucoup, veut de nouveau se rouler… puis cherche toutes les solutions : me faire face, faire demi-tour, revenir vers moi. Comme pour beaucoup de chevaux Pur-sang arabe, l'inconfort émotionnel le pousse à se coller à moi pour se rassurer. Il est très vexé que je le rejette, même gentiment. D'ailleurs je n'ai jamais à me fâcher pour le repousser. Déjà, je pense qu'il est foncièrement peu enclin au conflit physique, ce qui est vraiment cool pour un entier. Ensuite, il est tellement énervé de voir que se rapprocher de moi n'est pas la solution qu'il n'insiste pas. Il cherche tout de suite une autre façon de se rassurer. D'abord en raclant le sable le nez par terre, comme un cochon truffier. Bon, pourquoi pas ? Si ça l'aide à se passer de moi sur son cercle… Puis, plus classiquement, en accélérant aux moments stressants, comme au passage devant le pré des poneys, où il faut quand même faire le cador, vu qu'on n'est plus collé à cette vieille jument leader à deux pattes et aux idées biscornues. Ah ! Et passer à côté de ce cube violet qu'on n'avait même pas vu hier… Et en plus seul, tout seul, sans personne pour frayer le chemin ! Voilà qui mérite bien de trottiner un peu, au cas où ce fichu cube changerait d'avis et deviendrait soudain hippophage ! On finit quand même par enchaîner les cercles au pas tout détendu. J'avais prévu de déplacer le cercle ou de commencer le trot, mais vu que Hope est déjà bien transpirant de stress, je le laisse sur ça.

J'enchaîne sur un exercice de désensibilisation qui lui permet de rester immobile. J'ai amené un tapis de selle que j'ai posé sur la barrière. Je veux commencer gentiment en le lui montrant, mais je n'ai pas anticipé le bruit du tapis glissant sur la barrière, le soir, au fond du bois… Comme quoi, les désensibilisés, c'est nous, les humains, devenus sourds. Là, seule au manège, je me rends compte que ce bruit est étrange, d'autant plus que maintenant je suis obligée de le répéter jusqu'à ce que Hope ne s'en soucie plus. Ensuite, je n'ai aucun problème à toucher Hope sur tout le corps avec le tapis, à le lui faire glisser sur le dos, sur la croupe, même à le faire tomber depuis son dos ou à l'agiter sous son nez. Non, ce qui pose problème, c'est prendre le tapis sur la barrière, s'approcher sur le côté, et le poser sur le dos de Hope dans la foulée. Nous voici donc partis dans une chorégraphie un peu bizarre de répétition de ce geste si caractéristique du cavalier émérite ou randonneur qui, d'une main, l'autre tenant la longe, saisit et balance le tapis sur le dos. C'est en répétant ce geste que je me rends compte de l'assurance que l'habitude m'a donnée. Et bien que j'en aie conscience depuis longtemps, je me dis à ce moment qu'il doit être difficile pour un cheval, débourré par un professionnel, de rester ensuite rassuré devant les gestes hésitants d'un cavalier débutant, qui ne discerne pas l'avant de l'arrière d'un tapis, et surtout qui n'a aucune idée de la satisfaction de balancer ce truc comme une crêpe pour qu'il arrive parfaitement centré sur le dos d'un cheval d'1,80m. Je répète donc ce geste sans ménagement, jusqu'à immobilité totale de Hope dans toutes les phases. Surtout que je sais que la selle va suivre, donc ce n'est pas le moment de lui apprendre à s'échapper dès que le tapis est posé ! Quand Hope ressemble à Jolly

Jumper et qu'il est presque prêt à se balancer lui-même le tapis sur le dos, j'arrête la séance.

Je le lâche pour qu'il aille faire son inspection quotidienne des crottins et se rouler, puis j'attends qu'il vienne de lui-même me chercher pour rentrer au pré. Ce qu'il fait assez rapidement, me prouvant qu'il a envie de faire baisser la pression en retrouvant son copain Like au pré.

21 mars , jour 3 :

Allumeuses, stick to me et cerveau gauche introverti.

Hier, je n'ai pas eu le temps de m'occuper de Hope, tout du moins pour une séance de travail. Mais c'est bien pour lui que j'ai consolidé les clôtures, ayant remarqué dans l'après-midi que les changements de pré des autres troupeaux l'excitaient beaucoup. Une mention spéciale à mes deux ponettes Gracie et Alicka, qui, découvrant le beau brun derrière la clôture et se lassant peut-être des charmes blonds mais moins virils de mon hongre comtois Athos, se sont lancées dans une séance de séduction dont elles ont le secret. Comme quoi même petite, grosse et poilue on peut être très sûre de ses charmes !

Du coup, je vois mon petit Hope maigrir un peu alors que son compagnon de pré, Like, profite des rations de travail et devient une vraie baleine. Hope passe toute sa journée à courir le long des clôtures et à appeler les filles. Ce sont les premiers inconvénients de sa condition d'étalon, s'il le devient un jour. Cela me fait réfléchir aux contraintes que je vais lui imposer si je veux maintenir sa prestigieuse lignée…

Aujourd'hui, je suis donc un peu inquiète de l'état de concentration dans lequel je vais trouver mon Don Juan. Mais non, quand il me voit arriver avec le licol éthologique, je deviens un point d'intérêt, sûrement moins frustrant que ces deux allumeuses de clôture que sont Gracie et Alicka. Domingo est jaloux, Laura, sa patronne, n'a pas pu venir aujourd'hui : il s'intercale pour que je lui mette le licol à lui, puis, quand il constate un peu déçu que c'est à Hope que je l'ai passé, il prend la longe dans sa bouche, l'air de dire : "Si c'est pas moi qui bosse, je peux peut-être participer autrement ». Désolée Domingo, on n'en est pas encore à pouvoir travailler à plusieurs au manège.

D'ailleurs si Hope est content de sortir, il me signifie qu'il en a un peu assez du manège en étant légèrement réticent à y entrer. J'hésite : je pourrais aller me balader dehors avec lui, il fait si beau ! Mais j'ai déjà croisé les gendarmes deux fois en allant nourrir et abreuver les chevaux dans les prés. Il faut dire que c'est le week-end et que les gens semblent persuadés que les virus prennent aussi leur pause samedi et dimanche, donc la maréchaussée a dû sévir. Pas sûr que dans ces circonstances répressives, on prenne Hope pour un chien ! Bon, et puis, il faut être raisonnable, on ne va pas se balader avec un cheval entier tant qu'on n'a pas acquis un bon "stick to me", c'est-à-dire, en langage éthologique, la capacité du cheval à suivre son piéton partout, sans tirer, sans le dépasser et sans le bousculer, un peu comme s'il était collé à lui.

Bien m'en a pris, car décidant de faire du "stick to me" la leçon du jour, je rencontre pas mal de difficultés, notamment avec la marche avant. Et quand j'ai enfin la marche avant, bien entendu, Hope emploie beaucoup d'énergie à négocier l'arrêt. Il est vraiment tel que l'a décrit Aude Gasc, un vrai "cerveau gauche introverti", selon les critères du chuchoteur Pat Parelli. Il demande tout le temps à ce qu'on l'assiste, il ne veut pas prendre de décision seul, bien qu'il ait compris, car en bon « cerveau gauche », il est très intelligent.

Il fait parfois l'exercice de manière à ce qu'on croie qu'il ne l'a pas fait intentionnellement.
Par exemple, quand je lui demande une cession d'encolure vers le bas, il résiste puis finit par céder en faisant celui qui renifle un crottin ! Ou alors, il en fait toujours un tout petit peu plus : il s'immobilise puis fait un mini pas vers moi, juste un antérieur avancé, un geste insignifiant pour quelqu'un qui n'aurait pas été prévenu de ce style de provocation. Heureusement, Aude a vu juste sur l'animal et je ne laisse rien passer.

La séance est rude pour Hope, il fait plusieurs crottins, il hennit beaucoup. Moi aussi, je dois prendre sur moi car Hope répond à ma demande une fois, puis il se dégrade beaucoup avant de revenir dans l'exercice. Je dois rester calme, cohérente et attentive, ça prend de l'énergie. Quand j'ai enfin l'impression que je pourrais le présenter en main dans un concours de modèles et allures sans trop démériter, je le laisse souffler.

Je décide de reprendre un peu de désensibilisation. Est-ce parce que j'ai pris complètement ma place de leader dans le "stick to me", ou est-ce parce que Hope est un peu fatigué ? Tout se déroule merveilleusement bien. Le tapis est de l'histoire ancienne. Alors je passe la longe sur le dos et mime de le sangler en la serrant autour de son ventre. Tout va bien, pas de stress. Je commence à sautiller à côté de lui, en m'appuyant sur lui... « What's the point ? C'est beaucoup plus facile que ton histoire de courir avec toi sans se faire tirer comme une vieille mule." Je vais donc plus loin puisque Hope semble être content de me montrer qu'il a compris le jeu. J'approche un cube de lui, d'une seule main, en le raclant bien par terre. Et, oui... je monte et je descends du cube sans ménagement, genre cours de step, puis je m'appuie sur son dos ! Aucune réaction à part un intérêt complètement apaisé pour mes gesticulations bizarres. Hope me regarde avec attention, tourne la tête, pointe les oreilles mais ne bouge pas d'un pouce. Inutile de dire que je finis la séance sur ça. Je le lâche pour un instant récréation, mais il vient me coller immédiatement. Il veut rentrer.

C'est au moment où nous sortons du manège qu'Athos surgit le long de la clôture comme un mari outragé, encolure rouée et naseaux frémissants. Il hennit un truc qui ne doit pas être sympa parce que Hope se met immédiatement en mode "guerrier du désert" : la tête haute, la queue sur le dos, passageant en levant les genoux comme un caïd de la banlieue qui dribblerait un ballon pour impressionner les filles. Il répond à Athos en hennissant, sûrement quelque chose comme "Tu vas voir ta gueule à la récré", mais d'une voix rauque et très mâle. Je ne pensais pas que ce hurlement de T.Rex pouvait sortir d'un petit cheval tout fin comme ça ! Autant dire que je n'en mène pas large... Et là, reprenant les codes de l'arrêt vus lors de la séance, j"obtiens que Hope ne me dépasse pas et ne me tracte pas. Tout frétillant, il reste à mon épaule, respectant mon espace et finissant par repasser au pas.

Wow ! Le "stick to me" était vraiment la leçon à faire aujourd'hui, non ?

22 mars, jour 4 :

Non balade, mors et St Georges en cordelette.

Ma sœur voulait monter à cheval aujourd'hui, ça lui manquait trop. Bizarrement, depuis qu'il est interdit de se promener, je n'ai pas vraiment envie de "faire des gammes" au manège. Comme quoi, chez moi, le plaisir de monter à cheval semble intimement lié à la liberté extraordinaire de pouvoir arpenter des distances inaccessibles au commun des bipèdes, à des vitesses surhumaines aussi. Le cheval prête sa puissance et son endurance, le cavalier prête sa capacité d'analyse du terrain et ses idées de jeux, pour une vraie exaltation d'une coopération inter-espèces. Je mets toujours un point d'honneur à "construire" de belles promenades comme une séance de travail, à faire varier le terrain, les difficultés, les allures, mais aussi les paysages. Je le fais certes pour mes clients, mais surtout, je l'avoue, pour l'émulation que cela donne à mes chevaux. Sans fausse modestie, je suis persuadée que c'est la raison pour laquelle j'ai toujours eu de merveilleux chevaux de tête que beaucoup de mes proches m'envient, ainsi qu'une cavalerie que ma clientèle s'étonne toujours de trouver si sûre et allante. Car oui, mes chevaux ont du plaisir à travailler dehors, comme moi. Et je rêve de pouvoir bientôt passer en un clin d'oeil d'un coteau à un sous-bois, d'une crête à un lac, d'un ruisseau en fond de vallée au sommet d'une colline, non pas à vol d'oiseau mais presque... sur le dos de mon coursier des dunes, Hope, le fils des pur-sangs du désert.

En attendant, il reste le sable du manège, qui aurait bien besoin d'un coup de herse. Ce n'est pas le rêve des dunes mais j'ai quand même envie d'accompagner ma sœur pour une séance de "plat" au manège (sans sauter d'obstacle). Pour m'y motiver, je choisis de monter mon meilleur élève -à moins que ce ne soit mon meilleur maître- mon excellent Bloomy. Bloomy est mon cheval de concours, le seul acheté à un cavalier professionnel, une machine de guerre musculeuse et parfaitement rodée à toutes les techniques qui font gagner des points en compétition. Mais pour le sortir de son pré et longer la clôture de celui de Hope, je ne suis vraiment pas rassurée. Car malgré son niveau de dressage et mon expérience, Bloomy est infect à pied : il me démonte une épaule sans vergogne pour une touffe d'herbe ; il ne fait absolument pas attention à ce qui peut se trouver sous son encolure de girafe, même si c'est moi ; il n'hésite pas à mordre le cheval que tient le malheureux cavalier qui est allé le chercher au pré en même temps que moi… Bref, avec un bipède au bout de la longe ou non, Bloomy fait sa vie. Et ce, malgré toutes mes gesticulations qui, pourtant, sont bien interprétées par mes autres chevaux comme s'il s'agissait d'oreilles aplaties ou de couinements stridents. Ce qui me laisse penser que Bloomy a eu des problèmes de sociabilisation quand il était jeune. Comment peut-on dresser si bien un cheval à la monte et négliger ainsi le comportement à pied ? C'est ma première interrogation aujourd'hui en lien avec Hope. Finalement, c'est Matt et Nina, mes chiens obsessionnellement bergers (l'un border, l'autre australien), qui résoudront mon problème en s'offrant une course poursuite avec Hope, l'éloignant providentiellement de la clôture. La confrontation de mes deux beaux gosses n'aura pas lieu aujourd'hui.

La deuxième question qui me vient en montant Bloomy, c'est l'usage du mors. Je m'étais déjà posé cette question le jour où ma sœur avait souhaité monter Nana en licol éthologique puis en cordelette, alors que je ne me serais pas spontanément privée de la sensation de contact avec la bouche du cheval, particulièrement plaisante sur Bloomy. Autant Bloomy est une brute épaisse à pied, autant le confort physique et émotionnel que lui apporte une bonne mise en main, pour laquelle il a été si bien dressé, le rend d'une légèreté et d'une disponibilité que n'a aucun de mes autres chevaux. Cette légèreté que tous les cavaliers recherchent, cette vibration ténue entre le mors et la main, sans tension mais en relation si fine, c'est la connexion éthologique de la vieille école. Je me demande si nous finirons par nous passer du mors, cet outil archaïque mais qui, pourtant, semble encore aujourd'hui irremplaçable, comme les pointes pour la danse classique. Ou alors on décidera peut-être d'arrêter la danse classique ? Le Dressage est une discipline de plus en plus décriée ces temps-ci, à cause des contraintes qu'elle impose aux chevaux. Je pense alors à un défi à proposer à Aude Gasc : obtenir du cheval des allures rassemblées sans jamais mettre de mors dans sa bouche. Obtenir les allures rassemblées sans mors, c'est trop facile puisque de grands dresseurs friment sur les réseaux sociaux en déroulant en cordelette la reprise de dressage Saint Georges, une des plus difficiles proposées en compétition. Mais ils le font avec leur cheval de concours, qui donc a été au préalable dressé avec un mors. Je suis sûre qu'Aude me dirait : « Oui, mais moi, à mon niveau, je ne vois pas bien comment faire »… Et comme je ne veux pas dérouler la Saint Georges avec Hope, ni avec Bloomy d'ailleurs, c'est une pure question théorique pour l'instant.

Et Hope dans tout ça aujourd'hui, que pense-t-il de toutes ces introspections préalables ? Toujours disposé à travailler malgré l'expression de la jalousie de Domingo, plus violente qu'hier : il attaque carrément Hope quand je viens le chercher. Je m'interpose sans trop de difficultés face à Domingo – qui est un autre de mes poulains que j'ai débourré - mais je monte dans les tours (les « phases » diront les éthologues) très vite et très fort pour stopper la charge. En gros, je lui en claque une sur le nez en gueulant. Mais le langage des chuchoteurs fait plus classe, même quand on ne chuchote pas vraiment ! Du coup, quand je me retourne vers Hope, il se met à "snapper" (machouillement de soumission) comme s'il était à côté de la vieille jument la plus acariâtre du troupeau, vous savez, celle aux oreilles aplaties et au couinement strident. C'est troublant de voir comme les chevaux sont encore de gros bébés à trois ou quatre ans, et combien il est difficile pour eux de gérer cette nouvelle interaction sociale avec les humains.

Hope commence sa séance comme le chouchou de la classe, ce qui, je le sais maintenant, peut être une de ses embrouilles préférées. On travaille l'envoi sur les cercles, au pas puis au trot, sans difficultés apparentes. Puis on reprend le "stick to me" avec des transitions pas - trot - arrêt avec une grande progression depuis hier. Je suis tellement contente que je me dis que la séance va aller vite aujourd'hui et, au bout de dix minutes, je me lance dans la partie désensibilisation que j'ai prévue, à savoir la pose de la selle.

En dix minutes, l'animal est sellé sans précautions particulières, sanglé assez serré, les étriers descendus, sans aucune réaction de stress. Wow ! Hope est le roi de la désensibilisation ! Et c'est toujours un moment émouvant de voir son cheval harnaché pour la première fois. J'ai l'impression que tant qu'il peut voir ce qu'on fait - il tourne régulièrement la tête pour regarder ou sentir - rien ne peut lui faire peur. Donc je me dis qu'il faut mettre ces étriers en mouvement et je renvoie Hope sur le cercle.

Sauf que Hope ne veut plus du tout faire de cercles. Et c'est parti pour la séquence du sale gosse, "je fais n'importe quoi et je m'énerve", qui survient quand même assez régulièrement au bout de vingt minutes de travail. Je me dis que c'est peut-être une façon de gérer le stress de la selle, donc je tente de garder mon calme sur un problème qui, en général, m'agace beaucoup : la mise en avant. Comme chez sa sœur Nana qu'on a pu observer en séance ce matin, la résistance s'exprime dans le refus de se porter en avant seul, c'est-à-dire sans la demande constante du cavalier. On dirait un grand inconfort dans l'initiative. C'est le côté introverti du caractère de ces deux-là.

Avant de m'intéresser à l'éthologie, je me serais sûrement fâchée très fort pour provoquer une sorte de dynamique, mais ajouté de la crainte. Aujourd'hui, j'ai un peu mieux compris ce genre de chevaux et je sais que, sur cette problématique, ils répondent mieux au renforcement positif, c'est-à-dire au fait de cesser toute pression (voix, stick) quand ils sont d'eux-mêmes en avant. Cela prend plus de temps, parce qu'avant qu'ils se décident à aller en avant, il faut les solliciter sans s'énerver et se contenter de quelques foulées en autonomie sur lesquelles il ne faut surtout pas "pousser", sous peine de perdre ce mouvement. Non, il faut accepter que le mouvement se dégrade, puis stimuler de nouveau. Pendant vingt longues minutes Hope transpire beaucoup, se défend fort et je ne vois pas de solutions apparaître clairement. Je me contrains à céder plus rapidement et plus souvent, à être moins exigeante. Et d'un seul coup d'un seul, comme souvent avec les chevaux, Hope enchaîne deux cercles à chaque main au trot sans que je le sollicite de la voix, du stick ou de la longe (il ne tire pas vers l'extérieur). Ma récompense, c'est la légèreté dans l'exécution de ces deux modestes cercles. Je crois entrapercevoir une réponse à la problématique des allures rassemblées sans mors… Mais je ne suis toujours pas d'attaque pour la Saint Georges en cordelette ! !

24 mars, jour 5 :

Rose, pansage à quatre mains et renforcements positif et négatif.

Hier encore, mes obligations de télétravail m'ont laissé trop peu de temps pour être disponible pour Hope. Un jour de pause, ça peut aider à l'assimilation.

Aujourd'hui, ma sœur vient à nouveau monter Nana. Elle semble s'être fixé l'objectif d'un bon contrôle en cordelette et je vois ainsi les progrès quotidiens de la demie soeur de Hope. Nana m'en dit beaucoup sur son frère, car ils se comportent au travail avec de troublantes similitudes qui laissent penser que la mère, la jument qui les a éduqués, a un rôle prépondérant dans les compétences sociales de ses poulains.

Rose, la maman de notre fine équipe, est une étonnante jument au statut de leader incontesté dans tous les troupeaux où on l'a intégrée. Ce n'est pas une dominante ; comme ses poulains, elle n'aime pas le conflit physique. Du coup, elle n'accède pas à la nourriture en premier. Mais c'est elle qui décide où va le troupeau, c'est elle qui trouve les points d'eau en premier quand on change de pré, elle qui caracole en tête quand on retrouve tout le monde sur la route… à 23h30… le 2 novembre sous une pluie battante… alors qu'on est en pyjama… Tous les éleveurs savent que sinon, c'est pas drôle. Tout ça pour dire que si les poulains de Rose ont la relation facile, c'est qu'ils ont appris jeunes à apprécier les décisions avisées de leur mère, si charismatique et si futée. C'est difficile de passer après une telle personnalité, et c'est ce qui fait le côté un peu pointilleux de ces chevaux : quand on leur propose quelque chose, il y a intérêt à ce que ce soit bien et que surtout, on en soit persuadé ! Ce sont des chevaux qui exigent beaucoup d'assurance de notre part pour se livrer complètement, même si, à priori, ils sont plutôt d'accord pour ne pas nous faire de mal.

En brossant Bloomy et Nana, ma sœur et moi évoquons notre ressenti en cette période troublée. Et nous en sommes au même point : comment trouver du sens à ce que nous faisons, en ces jours où nous nous sentons si inutiles ? Nous avons toutes deux fondé nos professions sur l'interaction sociale et la communication. Nous sommes des "passeuses" : notre manière d'être utiles, c'est d'aider les gens à comprendre le monde et à se comprendre eux-mêmes. Même si ma sœur a ses enfants, et moi toujours une fonction active d'enseignante en télétravail, nous nous sentons en ce moment dépossédées de ce qui nous définit. Aux grands maux, les grands remèdes, il faut vite de l'espoir ! Je lui propose de participer à la séance de Hope.

Comme la dernière séance a été un peu difficile, Hope ne montre pas un enthousiasme flagrant à revenir au manège, même si je l'attrape sans aucun problème au pré. Pourtant, à croire qu'il veut frimer devant son nouveau public, il fait son parfait élève : déplacements latéraux, cercles, stick to me… un vrai cheval de bouquin "j'éduque mon poulain". Je ne fais pas durer le travail pour rester dans le calme après les fâcheries que nous avons eues avant-hier.

Pour lui offrir une pause, ma sœur et moi lui accordons ce qui se révèle un vrai moment de détente : un pansage à quatre mains. Monsieur se laisse brosser avec délectation, sans crainte d'aucun ustensile de pansage, et montre qu'il interprète à sa juste valeur ce geste d'amitié en prenant des attitudes de « grooming », le pansage mutuel qu'effectuent deux potes chevaux tête-bêche. Hope mime la grattouille réciproque en faisant une tête de lama que les cavaliers adeptes des ongles noirs pleins des squames de leurs chevaux connaissent bien. Il étire sa lèvre supérieure en tendant l'encolure vers nos garrots imaginaires. Effectivement, mieux vaut qu'il ne nous étrille pas à la manière des chevaux, le gommage serait bien trop abrasif pour nous, fragiles bipèdes !

Un cheval aussi propre, ça doit se seller ! Ce que je fais en constatant que la pose de la selle est désormais acquise. J'ajoute seulement l'exercice de faire claquer les étrivières sur la selle, puis de prendre fortement appui avec la main sur l'un et l'autre des étriers. Pas plus de réaction. Cela laisse bien augurer du moment délicat de la première mise en selle, je devrais être assez vite sur son dos. Mais je n'envisage d'aller ni très loin, ni très vite, vu son intérêt limité pour la marche en avant. Fairytale, la précédente pouliche que j'ai débourrée, évacuait son stress en marchant très vite, et supportait mal l'immobilité quand elle était dans l'inconfort ou dans une phase de questionnement. Avec Hope, ça va être bien différent !

Donc, après ce temps d'immobilité qu'il affectionne tant, je relance Hope sur les cercles pour tester sa disponibilité. Comme il ne fait montre d'aucune défense - sûrement encore une fois pour impressionner son public admiratif - nous décidons d'arrêter la séance à ce stade, à savoir au bout de vingt minutes, ce qui est une des plus courtes séances que j'aie jamais faites. Nous craquons quand même pour un dernier exercice mettant en valeur le sang-froid de Hope et sa propension à la calme immobilité. Ma sœur lui prend les antérieurs. Cette prise de contrôle de ses magnifiques jambes avant, qui lui servent non seulement à courir très vite mais aussi à s'imposer en tant que beau gosse du quartier, grâce à ses spectaculaires levers de genoux, inquiète un peu Hope. Mais c'est sans compter les méthodes de ma sœur qui, dans l'éducation des chevaux, pratique le « renforcement positif ». Aujourd'hui, ça veut simplement dire qu'elle a des bonbons pour chevaux dans sa poche et que le deal "pas de jambe, pas de chocolat" est très vite assimilé par Hope. Le voilà donc terminant sa séance sur un exercice vraiment positif. Pour ma part, je suis plus inspirée par les méthodes d'Andy Booth, un chuchoteur américain qui fonde l'éducation des chevaux essentiellement sur le « renforcement négatif », qui consiste à faire cesser le stimulus stressant quand le cheval trouve une solution adéquate à ce qu'on lui propose. En gros, je suis celle qui n'a jamais de bonbons dans la poche. Et le fait que mes chevaux apprécient de travailler avec moi explique que je n'ai pas d'à-priori sur l'une ou l'autre des méthodes. L' important est d'en connaître un maximum pour faire son propre mélange.

Reste le sens de ces moments passés au débourrage d'un cheval, activité qui peut paraître futile aux désoeuvrées que nous sommes devenues ces dernières semaines. Mais est-ce si futile de travailler avec un cheval nos capacités d'observation, d'écoute, d'attention à l'autre ? Grâce à leur sensibilité, les chevaux sont de merveilleux maîtres d'école en matière de relations. A l'instant où ma sœur s'en va, je lui dis quelque chose comme « De cette matinée, on a vraiment tiré tout le positif possible ». Effectivement, nous n'avons pas perdu notre temps, nous avons entraîné et aiguisé nos compétences relationnelles. Minuscules mais précieux progrès que nous réinvestirons, sans même en avoir conscience, dans nos relations avec les humains, quand il le faudra.

25 mars, jour 6 :

Envoi, fermeture éclair et sac à patates.

Quand ma sœur et moi décidons de reprendre là où nous nous étions arrêtées hier avec Hope, il est 11h. Nos boulots respectifs nous ont occupées une bonne partie de la matinée. A 11h, par temps frais et ensoleillé, les propriétaires de chevaux savent à quelle activité s'adonne leur animal : la très bonne sieste au soleil sans les mouches, dans l'herbe encore un peu humide de rosée ! Les trois garçons du pré de Hope se sont donc mis en terrasse, couchés "en vache" et regardant nonchalamment passer les inaccessibles filles dans le pré d'en face. Il ne leur manque plus que le petit expresso, la mèche gominée et les lunettes de soleil…

Hope se laisse licoler couché, ce qui est un grand signe de confiance chez un cheval, tellement vulnérable dans cette position. Il traîne un peu à se lever mais s'exécute et se dirige vers le manège comme vos ados vers leurs devoirs en ligne. Cependant, une fois au manège, il est toujours aussi disponible et à l'écoute de ce qu'on lui propose.

Je reprends le stick to me, et surtout, l'envoi sur les cercles que je corse un peu avec l'envoi derrière des objets (cubes, barres), au pas et au trot. "L'envoi" en équitation éthologique, c'est demander au cheval de se déplacer alors que le piéton reste immobile ou bouge très peu. Quand on "envoie" sur une difficulté, on la propose au cheval sans la franchir nous-mêmes. Par exemple, envoyer dans un passage étroit, c'est faire passer le cheval dans ce couloir sans l'emprunter, en restant à côté. L'envoi est assez difficile pour un animal grégaire comme le cheval, qui est souvent dans une position de suivre le leader franchissant l'obstacle en tête. Pour moi, "l'envoi" est le début du véritable travail d'équitation, celui qui ne fait pas vraiment référence à une interaction connue avec un leader équin. Hope réagit plutôt bien à l'exercice, mais les couloirs de barres et de cubes d'un manège qu'il commence à connaître par coeur ne lui posent pas vraiment de grosses questions. Je lui propose aussi des transitions rapprochées sur le cercle entre le pas et le trot pour lui garder l'envie de jouer un peu avec le trot. Il est très réceptif à ça. Je crois qu'il ne se conforte pas du tout dans la durée et la répétition, il faut que ça change pour l'intéresser. C'est agréable car il ne se braque pas avec la nouveauté, bien au contraire, mais je sais qu'il sera impatient quand il faudra répéter un mouvement pour le perfectionner.

Aujourd'hui, j'ai apporté deux nouveaux objets au manège, qui marquent une intention forte : mon casque et mon gilet de cross. Eh oui ! C'est un des objectifs de la séance, mettre mon poids sur le dos de Hope. Il est extrêmement curieux de mon habillage et trouve mon gilet de cross très seyant : il enfonce son nez dans la manche en semblant se réjouir d'avance de ce nouvel harnachement à découvrir, parce que la selle, c'est devenu banal. Un peu étonné de me voir l'enfiler moi-même, Hope tient cependant beaucoup à m'aider avec la fermeture éclair récalcitrante. Bien qu'il fasse beaucoup d'efforts avec ses lèvres de cheval incroyablement sensibles et mobiles, il n'a pas encore atteint le talent de Domingo avec les fermetures éclair. Car le cheval de ma stagiaire monitrice a construit sa réputation de star aux écuries non seulement en étant le cheval de la monitrice - ce qui est un classique pour briller auprès des adolescentes - mais surtout parce qu'il a un don incroyable pour actionner les fermetures éclair. Ouvrir ou fermer, peu lui chaut, du moment qu'il a le bruit et la sensation de vibration. Je conseille quand même d'avoir des fermetures éclair solides car Domingo peut compulsivement hocher la tête avec la tirette entre les dents un grand nombre de fois à la suite !

Me voici équipée, avec un petit pincement au cœur. La dernière fois que j'aurais dû mettre ce gilet, c'était pour partir sur le cross avec ma fidèle Marly puis ma téméraire Rossi, mais les circonstances ont fait que je n'ai eu aucune de ces chances. Bon, ça risque quand même de bouger maintenant aussi, donc je ne devrais pas me plaindre de manquer de sensations fortes... Sauf que pour les sensations fortes, ce n'est pas le jour : Hope reste indifférent à tout ce que je peux trafiquer à proximité de son dos. Prendre de la hauteur sur un cube, aller lui tapoter les flancs de l'autre côté en prenant appui sur la selle, bouger en tout sens à sa hauteur, faire battre les étriers, tous ces gestes ne déclenchent aucun signe de stress chez lui. A un moment même, alors que je suis en hauteur sur un cube, Hope attrape un étrier et semble me le tendre, l'air de dire : "Tu as l'air aussi empotée pour grimper sur mon dos que pour mettre ton gilet, sers-toi donc de ça !".

Je m'exécute donc pour ce moment où nous, les cavaliers, sommes si vulnérables, ce moment où tout notre poids quitte le sol pour être porté par le cheval. Ce pari fou de combiner nos deux équilibres de bipède et de quadrupède de manière si précaire, ce début de retrouvaille du mythique Centaure, cette fusion de nos espèces ancrée dans nos inconscients collectifs depuis des millénaires. Je dis "nos inconscients" car je crois que c'est vrai également pour l'espèce cheval domestique. En témoignent ce petit Hope et tous les poulains que j'ai débourrés sans jamais rencontrer la moindre difficulté au montoir. Ils prennent l'arrivée du bipède sur leur dos comme un énième exercice, alors que se retrouver avec un prédateur accroché à l'échine est la pire situation que peut vivre une proie comme le cheval. Deux fois je me retrouve "en sac à patates" sur le dos de Hope, et deux fois l'immobilité est quasi parfaite. La position du "sac à patates" décrit la façon d'appuyer tout son poids sur le dos du cheval mais en restant en travers de la selle, la tête d'"un côté et les deux jambes de l'autre, comme un sac de pommes de terre sur un mulet qui va au marché. Le cavalier "débourreur" doit accepter la perte de la superbe de l'écuyer tel que l'on se l'imagine, altier sur sa monture. C'est pour une raison de sécurité : tant que les deux jambes du cavalier sont du même côté, il lui est relativement facile de s'éjecter, dans le cas où son support à quatre pattes décide que la charge supplémentaire n'a rien à faire là et qu'elle est un stress ingérable.

La séance a été longue déjà et ma sœur me conseille d'en rester là. Heureusement qu'elle me supervise car l'expérience du premier montoir est si exaltante qu'on a souvent envie d'aller plus loin ; alors que le jeune cheval, lui, a besoin de temps pour assimiler l'expérience et qu'elle reste positive. Nous finissons donc avec la petite séquence "une jambe pour un bonbon" que Hope affectionne particulièrement. Mais autant on peut faire le singe sur son dos avec toutes les permissions, autant lui immobiliser un membre l'inquiète toujours un peu. Chacun ses angoisses.

Je relâche Hope un peu rapidement au pré et m'éloigne. Il reste à la porte en me regardant : "Ben alors, c'est tout ce que ça mérite ? Je t'ai appris à te servir d'un étrier aujourd'hui, depuis le temps que tu essaies de grimper avec tes cubes !". Mais oui, ça mérite bien une grosse grattouille dans l'auge. Des mains agiles contre un dos porteur, l'histoire de notre collaboration à travers les âges...

27 mars, jour 7 :

Travail à plusieurs, flexion d'encolure et à califourchon.

Les cavalières oeuvrant au centre équestre - ma stagiaire monitrice et ma sœur - commencent à trouver les quatre côtés du manège trop petits pour leurs envies de liberté. Cantonner un cavalier au manège, c'est demander à un pilote d'avion de ne faire que des tours au-dessus de l'aérodrome ou au skieur montagnard de rester à peaufiner son planter de bâton sur la piste bleue. Nous renonçons pourtant à notre idée de promenade clandestine, en pensant aux autres cavaliers qui n'ont même pas la chance de voir leur cheval. Difficile de se plaindre.

Du coup, après avoir partagé un moment très studieux au manège où chacune était dans sa bulle avec son partenaire équin, pour la séance de Hope aujourd'hui me voici avec un public doublé et un peu frustré de sensations : ça ajoute de la pression ! Autant se lancer alors... J'ai deux personnes pour venir me récupérer si je mords la poussière. Mon objectif est de me mettre en selle « à califourchon », alors que je suis restée en "sac à patates" lors de la dernière séance.

"A califourchon" : encore une expression étrange un peu péjorative et qu'on sent empreinte du soufre des images sexuelles attachées au chevauchement. Elle désigne la position du cavalier assis avec une jambe de part et d'autre du cheval, ce qui peut générer une certaine fierté de « domination ». Je me renseigne donc avec le Littré : la "fourche", ou "fourchie", d'après une expérience de ma maman avec l'enjambement d'une clôture ayant été l'objet de l'appréciation de sa grande "fourchie" par une vieille paysanne, fait référence dans ce cas à "l'arcade pubienne" comme le dit fort élégamment le Littré. Mais il reste très prude avec le préfixe "cal", et convient aux bonnes moeurs en proposant une abréviation de « caballus » - « le cheval » en latin - qu'il trouve quand même improbable. D'autres sources étymologiques sont plus directes : « kall » en breton, ce serait les couilles. Peut-on en déduire que les Bretons avaient une bonne expérience du débourrage et du courage qu'il faut la première fois où l'on se met à califourchon ? Car une fois les jambes de part et d'autre de l'animal, le bouton "siège éjectable" n'est accessible qu'au cheval. La manoeuvre de "passer la jambe" pour descendre du cheval prend du temps et peut parfois juste rajouter à la panique ambiante si elle est effectuée maladroitement - ce qui est souvent le cas pour quelqu'un qui n'est pas un gymnaste champion olympique du cheval d'arçon. Il faut donc accepter que, lors des premières fois à califourchon, c'est le cheval qui décide.

Tout l'art du cavalier éthologue est de se débrouiller pour que sa mise à califourchon n'éveille pas chez le cheval l'envie d'appuyer sur le bouton siège éjectable-urgence absolue. C'est ce qu'on appelle la désensibilisation. Avant d'accepter un cavalier en position verticale sur son dos, le cheval doit trouver normal :

1. Que ce soit le cavalier qui prenne des initiatives dans l'équipe. Même bizarres, ces décisions doivent toujours paraître au cheval comme les idées à suivre. Le cavalier doit être vu comme leader. C'est pour cela que je refais des petits exercices inédits à pied avec Hope avant d'aborder le montoir. J'essaie de le convaincre que franchir un petit obstacle au pas et au trot est le truc à la mode dans mon troupeau aujourd'hui. Entre nous, même s'il a fini par le faire, je confirme que ce sera un cheval d'Endurance et pas de sauts d'obstacles !

2. Que tout le poids du cavalier puisse se trouver sur l'étrier puis en selle, malgré le déséquilibre que cela apporte. C'est l'expérience du premier montoir et du "sac à patates" qu'on a fait avant-hier avec succès. Tant que cette étape n'est pas franchie, enjamber le cheval est un coup de roulette russe.

3. Que quelque chose puisse le surplomber et s'agiter au-dessus de lui, car c'est bien ce qui va se passer quand le cavalier va être redressé en selle. Avant de monter, j'agite donc un sac plastique au bout du carrot stick au-dessus du dos et de l'encolure de Hope. C'est la première fois que je vois un poulain ne pas réagir du tout à cet exercice dès les premiers essais. Impressionnant !

4. Que, quoi qu'il se passe, il réponde à la demande de flexion d'encolure du côté du montoir. Ce contrôle est primordial pour la sécurité car si le cheval a une réaction de fuite, elle sera limitée dans la prise de vitesse par le fait que le cheval, avec cette cession d'encolure, montre qu'il a trouvé du confort à rester près du cavalier. C'est une sorte de "regarde moi quand je te parle, tu sais que ça va bien se passer". Aujourd'hui, ma sœur me fait fort justement remarquer que je ne suis pas assez exigeante avec ce point de sécurité. Intérêt de travailler à plusieurs...

5. Que vous n'êtes pas du tout stressé, mais alors pas du tout, même si vous puez l'adrénaline à cent mètres pour des naseaux pleins de capteurs de phéromones !

Et me voici enfin les fesses sur la selle, et la selle sur Hope ! Peu de réaction, à part une furieuse envie de mordre mon pied gauche dans l'étrier : un peu pour s'approprier les nouveaux éléments (les chevaux restent au stade oral très longtemps !), un peu aussi par agressivité. C'est ma sœur qui m'explique que les bâillements fréquents de Hope peuvent être interprétés ainsi. C'est vrai qu'avec le stress du montoir et les mordillements, je ne suis pas tout à fait rassurée sur la façon dont Hope gère son mental sur ce coup-ci, même s'il n'a pas de réactions violentes. J'attends qu'il cesse de me mordiller le pied et de bâiller, je descends et je recommence. Cette fois-ci, son acceptation est totale et sereine, la flexion d'encolure parfaite, le regard apaisé. Ok, on reste sur ça !

30 et 31 mars, jours 8 et 9 :

Résistance, champ visuel et nouvelle cavalière.

30 mars :
Deux jours regroupés car me voici face à une difficulté qui occupe mes séances - plutôt « nos » séances, puisque ma sœur fait maintenant partie intégrante du processus de débourrage. Comme c'est elle qui doit participer à de grandes courses d'Endurance avec Hope qui, par ailleurs, est pour moitié son cheval, je suis ravie que la jockette s'investisse autant.

Dans tout apprentissage il est normal d'atteindre des paliers de progression. Et Hope est allé tellement vite dans tout ce qu'il a appris jusqu'ici que je me demandais où j'allais rencontrer une résistance. Elle n'est pas dans le montoir, puisque ma sœur comme moi nous mettons en selle comme sur un vieux briscard de rando, inamovible tel un dahu dans la pente, un pied sur un caillou, l'autre dans les bruyères, les sacoches de travers et une pointe de pied du cavalier entravé par le charvin en train de lui labourer la croupe.

Non, ce qui inquiète Hope, c'est le cavalier bougeant sur son dos, les jambes battantes, les changements d'équilibre de droite à gauche ou de l'avant vers l'arrière. Pour l'instant il ne manifeste aucune réaction violente, mais il bouge systématiquement en réponse à ce stimulus dont il ne devrait pas tenir compte sans « intention » de la part du cavalier.
Il y a deux concepts difficiles pour l'homme ou la

femme de cheval. Le premier est « l'intention », autrement dit l'énergie qu'on va transmettre dans la demande qu'on adresse au cheval. Une subtile nuance permet de faire la différence entre la désensibilisation et l'attente d'une action du cheval en réponse à notre demande. Par exemple, on doit pouvoir agiter le carrot stick en tout sens autour du cheval sans qu'il ne bouge. Mais le simple fait de pointer ce même carrot stick avec une « intention » vers les hanches du cheval doit cette fois provoquer leur déplacement. Pour avoir pratiqué le taï-chi chuan, art martial interne, pendant quelques années, je suis sensible à cette notion d' « intention », une montée d'énergie qui n'a rien à voir avec l'excitation de faire ou de faire faire quelque chose. L'équitation est une discipline mentale absolument fascinante.

Le deuxième concept est le renoncement. C'est étrange car, juste à ce moment de ma progression avec Hope, une amie à moi a publié des textes concernant les courses en haute montagne et parlant du renoncement. On a beau être préparé techniquement, être compétent, courageux et motivé, voire exalté par un objectif, la capacité de repérer et de renoncer quand ça devient dangereux fait partie de l'art. Faire marcher Hope avec quelqu'un en selle alors qu'il est si inquiet des variations d'équilibre de sa charge, c'est comme s'engager sur une voie d'escalade en ayant remarqué que le rocher est pourri… C'est possible, on va peut-être pouvoir gérer les problèmes sachant qu'ils vont survenir. Mais pourquoi prendre le risque non seulement de se faire mal, mais aussi de laisser une mauvaise expérience au cheval ? Il n'a pas compris.

Pourquoi perdre une chance de lui expliquer ? L'équitation est aussi une école d'humilité.

En effet, si j'arrive sans souci à me mettre en selle une troisième puis une quatrième fois, Hope tournicote dès que je bouge les jambes ou me redresse. Il sort « du pli », c'est-à-dire qu'il se déconnecte de la seule relation que j'ai avec lui, la tension de la longe qui lui garde la tête tournée vers moi. Il bâille beaucoup et se retourne vers mes pieds pour les mordre. Je fais donc appel à ma sœur pour qu'elle vienne le tenir. Moi qui avais prévu de marcher au pas sur le cercle que j'avais bien préparé avec une séance préalable de stick to me, je me sens assise sur un tonneau de nitroglycérine. Car rappelons-nous que Hope est un cerveau gauche introverti, intelligent donc capable de contenir ses émotions… seulement jusqu'à l'explosion ! Je connais bien ces bestioles de course et je sens qu'il me renvoie une énergie inquiète ; alors que mon deuxième montoir avec Fairytale, sur laquelle j'ai tout de suite pu danser la macarena, avait été l'occasion d'une balade au pas dans le manège. Chaque cheval est différent, et je décide de m'écouter : aidée de ma sœur et de ses bonbons magiques pour distraire un Hope qui monte en pression, je remets pied à terre.

31 mars :
Aujourd'hui nous décidons de reprendre le problème différemment. Hope est très à l'écoute à pied, et rassuré par ma présence à son côté. C'est donc ma sœur qui va se mettre en selle pour jouer le rôle du stress, et moi rester à pied pour aider Hope à gérer ses sensations nouvelles au niveau de son dos, sans avoir à s'inquiéter de « ma

disparition » ». Oui, un cheval peut croire qu'une fois que vous êtes sur son dos, vous n'êtes plus avec lui. Que les cavaliers qui n'ont jamais eu besoin de descendre pour passer devant leur courageux destrier dans un passage délicat me contredisent ! Ce n'est pas de la stupidité. Cela s'explique par le champ visuel du cheval, qui, même s'il perçoit bien la zone juste derrière lui - ce qui est une bonne chose quand on est un zèbre dans la savane infestée de mangeurs de zèbres - ne peut quand même pas voir tout sur son dos. De son cavalier le cheval peut percevoir les jambes, les mains si elles s'agitent sur les côtés, mais c'est tout. Et quant à faire un transfert qui permette d'identifier la personne à terre comme étant la même chose que les deux trucs ballants le long des étriers et cette sensation de lourdeur sur le dos, la suite va nous prouver que ce n'est pas la compétence première des chevaux. On ne peut pas être un petit génie de la sensitivité, un as du 6ème sens et être bon en tout !

Ma sœur prépare donc Hope pour le montoir et veut régler ses étriers. Rappelons que j'ai pu mettre la selle sur Hope, le sangler, lui balancer les étriers dans les flancs et faire claquer les étrivières à qui mieux-mieux en ayant pour seul réponse un regard torve et un postérieur au repos. Seulement là, ce n'est pas moi. Et Hope s'inquiète dès que ma sœur bouge. Il commence à s'agiter et voilà ma sœur partie pour une tournicotante séquence de désensibilisation, à savoir : bouger l'étrivière en faisant tourner Hope autour d'elle jusqu'à ce qu'il s'immobilise. Cela dure, et tout le monde doit avoir le tournis, quand passe sur le chemin en contre-haut quelqu'un que nous connaissons bien : la dame qui capte l'attention de Hope au bon moment. Elle m'avait déjà sauvé la mise pour une flexion d'encolure. Là, Hope prend le prétexte d'avoir un truc vraiment important à regarder, beaucoup plus important que notre séance d'étrivière, et il se fige comme un chien à l'arrêt. Oui, nous avons là un comportement typique de Hope qui, dans la contrariété, finit par s'exécuter en nous donnant l'impression qu'on n'y est pour rien. Il a sa fierté, ce petit ! Eh non, nous n'avons toujours pas embauché cette brave dame, qui ne sait pas quelle part elle a prise dans le débourrage de Hope. Mais je me dis qu'à l'occasion, je le lui raconterai.

Donc une fois cette désensibilisation passée et surtout le transfert sur l'autre bipède câblé dans sa tête de piaf, Hope se montre un excellent élève pour le montoir de ma soeur. Mais il s'agite de nouveau une fois le poids sur son dos. Le fait que je sois là change peu de choses dans son comportement. Je réussis juste à l'immobiliser plus rapidement quand une variation d'équilibre sur son dos le fait bouger. Il est hors de question de le faire marcher comme ça avec une passagère si précieuse, même si j'ai la sensation d'avoir une bonne connexion avec lui à pied, comme je l'avais pressenti. Nous restons sur une immobilité des quatre pieds, même si la tête bouge encore beaucoup, et ma sœur descend.

Je ne veux pas laisser Hope sur si peu d'avancée concernant cette désensibilisation. Je décide donc de changer d'exercice avant d'y revenir. Je suis bien inspirée. Je fais un travail de transitions entre le pas et le trot sur un cercle. Déjà, on sent que Hope a besoin d'avancer, d'évacuer le stress du montoir. Ensuite, il est léger et attentif, content de pouvoir jouer avec quelque chose qu'il commence à maîtriser.

Nous retentons donc un montoir. Et ça fonctionne ! Hope se tranquillise quand ma sœur change son poids de l'avant vers l'arrière, il ne bouge pas, et enfin on retrouve une tête décontractée, sans bâillements compulsifs, sans dents baladeuses et sans naseaux pincés. Bien entendu, nous le laissons sur ce bon moment d'apaisement. Avec le fait qu'il m'a donné ses quatre pieds sans bonbon en début de séance, ça nous laisse sur une impression d'avoir fait un peu avancer les choses… Et surtout, avec la joie d'en avoir découvert plein d'autres. L'équitation est une discipline sans fin.

3 et 4 avril, jours 10 et 11 :

Lignage, présentation et gant odorant.

3 avril :
Notre objectif est toujours de pouvoir marcher avec Hope chargé, sans qu'il s'inquiète ni du poids, ni des variations d'équilibre de son cavalier. Lors de ces deux séances, je décide de renforcer ma relation à pied avec Hope et en profite pour mettre en place des éléments utiles dans certaines situations usuelles.

D'abord la présentation en main, qui intervient lors des contrôles vétérinaires des courses d'Endurance, ou lors des concours d'élevage auxquels Hope est censé participer pour justifier qu'il peut transmettre son illustre patrimoine génétique. Oui, nous aussi, les éleveurs de chevaux, nous présentons nos précieux animaux tout endimanchés de tresses, nœuds et huiles lustrantes, afin que des messieurs cravatés et des dames en tailleur puissent affirmer que le standard de la race est respecté. Hope fait partie de la «noblesse» équine, il a du sang bleu par sa mère qui a brillé en courses de galop dans les écuries d'une marquise (rien que ça !) et par son père, digne descendant d'une lignée de coursiers du désert à la vaillance et à l'endurance quasi légendaires. Inutile de dire que si le dressage ne correspond pas au lignage, et que la présentation dérape vers une séance de rodéo de bas étage, cela fait moins bonne impression au jury en costume. Présenter calmement et avec tout le décorum nécessaire un cheval sélectionné pour ses aptitudes à la vitesse et à la réactivité est un vrai défi, qui, à mon avis, évalue autant la patience de l'éleveur que les qualités chromosomiques du cheval. Et cette contradiction pose la question de l'élevage en général. Quand les critères vont-ils répondre réellement aux nouvelles attentes du public cavalier, notamment des amateurs que sont les acheteurs ? C'est-à-dire : quand les concours d'élevage vont-ils prendre clairement en compte les qualités mentales et émotionnelles des chevaux, et cesser de les sélectionner uniquement sur leurs capacités physiques et sportives ? En attendant que ce microcosme bouge – et il bouge quand même doucement – on se plie au protocole et on essaie d'en tirer ce qu'il permet de positif à mes yeux : un bon travail en main.

Lors d'une présentation, il s'agit que le cheval marche et trotte à l'épaule de son meneur, sans se faire tirer comme un âne qui ne veut pas franchir un ruisseau, mais sans déborder son meneur non plus. Le cheval doit aussi s'arrêter à la demande et ne plus bouger afin qu'on puisse tranquillement admirer son modèle. En fait, depuis des dizaines voire des centaines d'années, on présente les chevaux en « stick to me », et tel M. Jourdain, de nombreux éleveurs pratiquent une méthode éthologique sans le savoir. En tout cas, pour Hope, cette partie est bien comprise. Un seul lever de main, et il s'immobilise. A peine commencé-je quelques foulées en courant que Hope me suit dans un trot dont il adapte la vitesse à mes insignifiantes foulées de bipède. Il est vraiment très léger dans la manipulation à pied, plus que sa sœur Nana toujours un peu lente à s'exécuter ou que le fringant Uszko, le premier poulain que ma sœur a fait débourrer, et qui n'hésitait pas à se cabrer en main ou à bousculer son bipède. Hope trouve du confort à me suivre partout et de l'intérêt dans les changements de rythme. Je ne peux pas dire si j'obtiendrais le même résultat au milieu d'une dizaine d'autres chevaux entiers de trois ans bondissant en tout sens, mais là, tranquillement, au manège, ça fonctionne vraiment bien. J'apparais comme une référence pour Hope, ce qui est le but tant pour la présentation en concours que pour la suite du programme.

Avant que ma sœur ne retente un montoir, je me lance dans un exercice dont je sais qu'il va faire beaucoup bouger Hope, pour lui permettre de s'exprimer un peu. Je demande des départs au galop sur le cercle. Hope est très disponible pour l'introduction d'une nouvelle allure dans le travail du cercle. Il paraît toujours positivement stimulé par la nouveauté et cherche spontanément des solutions avant d'entrer en résistance. C'est très agréable. Nombre de chevaux se défendent d'abord quand on leur propose quelque chose qui sort de l'habitude, et réfléchissent après que leur réaction de défense ne leur a apporté que du stress supplémentaire. En plus Hope montre le sublime galop cadencé et équilibré propre à sa race de coursier. Il boucle sans faute d'allure ni d'équilibre ses premiers cercles au galop, de petits diamètres pourtant, car je n'ai que ma longe éthologique, pas de longe de travail.

Nous sommes prêts à reprendre l'épreuve du montoir. Ma sœur se met en selle et comme lors de la séance précédente, Hope montre un grand apaisement. Il a eu deux jours pour réfléchir et on pense que ça lui a fait du bien. Ma sœur ne reste pas longtemps en selle mais peut le toucher partout, chausser les deux étriers, se mettre debout en appui sur les étriers, se basculer d'arrière en avant... Ressentir des sensations étranges sur son dos est une chose qui semble être admise pour Hope.

4 avril :
Aujourd'hui Hope montre un peu plus d'agacement. Peut-être sait-il désormais quel travail on attend de lui et anticipe-t-il le stress qu'il va devoir gérer ? Il prend quand même sur lui et reste à l'écoute. Une fois en selle, ma sœur a la bonne idée de tenter d'écarter les bras. Elle se souvient de la jeune jument d'une amie, calme avec sa nouvelle charge mouvante sur le dos, mais prise de panique le jour où la « charge » a décidé d'enlever son manteau, et donc de faire de grands gestes de bras sur le côté. Toujours ce même problème de vision latérale ! En effet, Hope est un peu surpris par cette main apparaissant puis disparaissant de son champ de vision. Mais il reste stoïque. Il a même une réaction un peu étrange à gauche : quand la main « disparaît » après lui avoir fait une grattouille sur la tête, il l'appelle d'un hennissement. La première fois que ça se produit, je me retourne même pour voir si un congénère équin ne serait pas entré dans le champ visuel de Hope derrière nous. Mais non, c'est bien la main qu'il rappelle ! Il recommence deux ou trois fois, il nous fait bien rire ! On se dit que peut-être le gant gauche de ma sœur a retenu les effluves de Nana, qu'elle monte

quasiment tous les jours. Et que Hope est devant ce gant comme un adolescent en pleine crise hormonale. Ceci dit, Hope reste très correct et concentré et nous pouvons donc envisager maintenant de déplacer ce poids mouvant et odorant.

Au début, je suis si inquiète d'une réaction que je ne demande pas à Hope de me suivre en « stick to me » comme d'habitude. Et l'animal est tellement fin qu'il perçoit mon inquiétude et n'ose pas trop bouger. Quand le leader a peur, on reste prudent et en retrait, normal ! Je me ressaisis et essaie de faire mes gestes comme d'habitude. Hope me suit mollement, avec un air vraiment pas convaincu. Ce nouvel exercice est accepté mais n'a pas l'air de susciter un grand enthousiasme. Comme dit ma sœur, Hope ne semble pas penser que se déplacer avec ce paquetage sur le dos soit la meilleure idée du moment !
Et c'est vrai que pour l'instant, il ne peut pas en comprendre le sens. Pour lui, ce n'est qu'un poids et un déséquilibre. Il ne sait pas encore toutes les interactions qui peuvent exister avec ce « poids » : les étendues qu'il va pouvoir traverser, les paysages qu'il va découvrir, le courage qu'il va pouvoir démontrer, les prouesses physiques qu'il va pouvoir mettre en œuvre… Pour notre plus grand plaisir et nous, les dresseurs, devons en être convaincus : pour le sien aussi.

6 et 7 avril, jours 12 et 13 :

Rente, frites en mousse et naseaux dans le cou.

6 avril :
Le cheval est un animal de rente. De nos jours, cela pourrait tout à fait signifier qu'il faut être rentier pour en entretenir ne serait-ce qu' un spécimen ! Mais non, c'est une expression qui rappelle l'attache « agriculturelle » que nous, les gens de chevaux, avons avec la paysannerie. Pendant des siècles, les chevaux ont été intimement liés à l'économie humaine. Sans eux, pas d'agriculture, pas de transports, pas de conquêtes colonisatrices. Et aujourd'hui, en quoi est-ce que je contribue à l'économie quand je débourre Hope ? En rien du tout, je suis parfaitement inutile. Et je n'ai donc aucune légitimité dans cette société, pour, par exemple, empêcher mon confrère agriculteur voisin d'arracher la moitié de notre haie mitoyenne de peupliers trentenaires afin de PRODUIRE un sillon de plus de maïs. Douloureux constat. D'autant plus douloureux que la communication entre deux espèces différentes, celle qui murmure aux oreilles de son cheval ou celle qui vitupère contre les 250 chevaux de son John Deer en panne, est impossible. Même si, pourtant, les deux espèces sont capables d'observations éthologiques poussées et de stratégies d'approche diplomatiques. L'un comme l'autre des spécimens finit par prendre la fuite en roulant de gros yeux et en se demandant bien de quelle planète peut venir l'autre alien. Et là je peux affirmer qu'aucun

« join-up » n'est envisageable !
J'essaie donc de revenir au langage de Hope, qu'apparemment je comprends beaucoup mieux, pour ne plus penser à mes peupliers nichoirs à milans, protecteurs de couleuvres, abris à grenouilles, au feuillage vert pomme qui commençait juste à frémir dans le vent, aujourd'hui lacérés par les coups de pelle mécanique qui ont arraché leurs riverains du mauvais côté.

Avant-hier, ma sœur et moi avons cédé à la tentation de jouer avec Hope à pied plutôt que de le monter. En effet, pour amuser Nana, ma sœur a installé des petites difficultés de « mountain trail », cette discipline équestre qui tente de reconstituer les situations qu'on peut trouver en randonnée. Elle a installé un étroit couloir de tapis de douche en plastique, un entremêlement de branches et de troncs, et une espèce de porte entre deux palettes dont dépassent des « frites » de piscine en mousse, obligeant le cheval à les pousser pour traverser, comme pour se frayer un passage dans la végétation. Le couloir de tapis de douche ne pose aucun souci à Hope. Le changement de sol ne semble pas être une source d'inquiétude, ce qui est loin d'être une évidence pour tous les chevaux. Je me bats encore avec mon Comtois Athos, qui pourtant a dix ans et est bien dressé, pour qu'il comprenne que les plaques d'égouts ou les grilles de canalisation ne mangent pas les pieds des chevaux. L'entremêlement de branches, Hope le franchit avec un calme de vieux routier en randonnée. Non seulement il fait cet exercice en me suivant avec un grand respect, mais il le fait aussi seul, étant envoyé de l'extérieur du tas de branches. C'est assez impressionnant pour un cheval de cet âge, surtout le temps qu'il prend à poser chaque membre de manière à ne pas se cogner et à assurer ses appuis. La porte avec les frites pose plus de problèmes. Même si Hope la traverse deux ou trois fois, c'est avec beaucoup de stress ; l'exercice n'est manifestement pas compris car il finit par se bloquer devant. Du coup, ma sœur et moi mettons beaucoup de temps à lui « reformuler » le problème, en le touchant avec des frites en mousse dans un autre contexte, puis dans le contexte sans lui demander d'avancer… Hope n'est toujours pas convaincu. Car il s'est fait un peu peur. Il utilise toute son intelligence et prend tout son temps pour comprendre, mais là il ne voit pas de solution. Il finit par s'énerver vraiment. Je profite de cette situation pour m'imposer de nouveau en tant que leader en lui demandant, malgré son stress et ses défenses, de revenir posément vers moi. Quand il a retrouvé son assurance à mes côtés, je simplifie la question posée en ôtant les frites de la porte et en lui faisant traverser le passage étroit sans autre difficulté. Comme il y parvient facilement, il est complètement rasséréné d'être de nouveau à mes côtés et on finit là-dessus. Ajouter un exercice en selle serait de trop pour lui maintenant.

7 avril :
L'exercice en selle est programmé pour aujourd'hui. Avant cela, comme j'ai installé quelques petits obstacles pour travailler avec ma Rossi, je me sers du dispositif pour travailler Hope à pied, en bonne enseignante habituée à rentabiliser les dispositifs déjà installés - ou en enseignante fatiguée de porter des barres, au

choix. On passe des transitions en « stick to me » d'un obstacle à l'autre, on envoie sur des cercles au pas et au trot autour des obstacles, on les franchit même au pas… Mais bon là, ça ne met en valeur que l'aptitude au calme et au respect de Hope, parce que pour les aptitudes au saut, c'est loupé, ça se confirme ! Enfin pour le moment.. Cette motivation-là peut venir plus tard, c'est la cavalière de concours qui parle. Pour le reste, Hope en main est léger comme une libellule. Il se déplace au bout de la longe sans tirer, sans me dépasser, en changeant de direction et d'allure avec beaucoup de disponibilité. Le travail en main est ce qui lui plaît le plus en ce moment, c'est évident.

Mais il faut passer à autre chose... Après avoir un peu mordu les mollets de ma sœur qui vient de se mettre en selle et qui porte maintenant des guêtres en prévention de ce genre « d'attaques de contrariété », Hope se résout à cette partie de la séance dont il ne voit vraiment pas le sens : marcher au pas avec un poids sur le dos. Pour l'instant il se traîne derrière moi avec l'œil hagard et résigné d'un âne dans les escaliers de Santorin, ce en quoi il exagère parce que ma sœur est très loin du poids d'un touriste américain ! Mais je reconnais bien là le côté mélodramatique que les chevaux anglo-arabes ont en commun avec les adolescents à qui on demande de faire le ménage. Il est temps de piquer sa curiosité pour le motiver. Nous allons donc commencer à « coder » les actions du cavalier. Quand ma sœur va serrer les jambes, je vais demander à Hope d'avancer. Quand elle va se redresser et lui dire « Ooooh », je vais lui demander de s'arrêter. Il s'agit de transférer les codes du « stick to me » au cavalier. Hope s'exécute avec toujours la même inquiétude de sentir quelque chose bouger, et même maintenant agir, sur son dos. A chaque fois que ma sœur lui fait une demande, il donne une réponse, souvent la bonne d'ailleurs, mais vient systématiquement se réassurer en enfouissant ses naseaux dans mon cou, comportement typique du poulain qui vient chercher le contact de sa mère en réponse à un stress. C'est très émouvant, même si c'est la preuve que Hope est encore immature et qu'il va falloir vraiment prendre son temps pour ce second « sevrage », cette fois-ci d'avec « l'humain à pied » à qui il a donné toute sa confiance.

Oui, bien sûr, on pourrait aller plus vite. Hope est gentil et intelligent, il donnerait immédiatement. On pourrait avoir une rangée de maïs de plus, là, maintenant, tout de suite ! Mais tout ce qui est contraint peut casser et beaucoup de choses cassées ne reviennent jamais à leur état initial… C'est la leçon, nom d'un chien, c'est la leçon de cette épidémie ! N'y a-t-il que les chevaux pour savoir la dispenser ? Les chevaux, une espèce animale qui s'y serait collée et qui aurait dit aux autres : « Ne vous inquiétez pas les gars à poils, à plumes et à écailles, ils sont vraiment handicapés, ces bipèdes. Mais on va les dresser ! Ils nous aiment bien, nous nous sommes rendus indispensables, nous sommes par nature patients, observateurs et résilients, alors on va leur faire comprendre ». Je ne produis rien, non. Les chevaux et moi ne mettons rien dans votre assiette. Le tout est de savoir ce que vous voulez emplir.

11 et 12 avril, jours 14 et 15 :

Spinoza, sacrée colle et premier tour de piste monté.

« Un bon élève, ce n'est pas celui qui fait bien les choses, c'est celui qui pose les bonnes questions ». L'idée m'a tellement interpellée que j'ai oublié qui ma sœur citait aujourd'hui en référence à ces dernières séances de Hope, qui n'ont pas apporté de progression comme on aimerait en raconter, ce qui m'a poussée à les regrouper. La séance d'hier nous a notamment laissées très perplexes, Hope ne réagissant pas comme la plupart des jeunes chevaux dans cette phase du débourrage où ils font leurs apprentissages avec leur cavalier sur le dos.

11 avril :
Nous renforçons le travail de désensibilisation. Je vais d'abord me promener autour du centre équestre avec Hope en main. Il fait un temps magnifique et les gens sont étonnés de la taille de mon prétexte de balade confinée, surtout ceux que je croise avec des bichons en laisse. Mais de différent, il n'y a que le format, car Hope me suit en main sans s'inquiéter du troupeau laissé au centre équestre, ni de nos rencontres canines, ni de quoi que ce soit en fait tant qu'il est avec moi. C'est encore une fois très étonnant pour un cheval de trois ans. Cette relation fusionnelle que Hope a établie avec moi, cet attachement - fruit des changements de perception de lui-même et de son environnement pour lesquels je lui ai apporté des outils - me fait penser à la relation de

transfert en psychanalyse. Je sais, c'est gros... Cela doit être un effet de l'isolement associé à ma lecture du moment, « Le Problème Spinoza » d'Irvin Yalom. Ce roman suggère que les idées de Spinoza sur le fait que tout a une cause dans la nature étaient en quelque sorte précurseuses de la psychanalyse, en faisant un parallèle avec la psychanalyse avortée du nazi Rosenberg, justement fasciné par Spinoza. En plus, je viens de me rendre compte qu'aujourd'hui, j'ai commencé par titrer exceptionnellement mon compte-rendu du débourrage de Hope « séances »... Je me fais flipper toute seule sur mon canapé ! J'en profite donc pour demander pardon d'avance pour cette philosophie rurale, notamment aux plus rigoureux de mes amis intellectuels, adeptes de la psychanalyse ou fans de Spinoza - le plus rigoureux d'entre eux se reconnaîtra, et c'est à lui en particulier que je présente mes excuses pour mes références à l'emporte-pièce.

Après cette promenade propice aux méditations, nous finissons la séance en baladant ma sœur au pas un peu partout dans le manège et en essayant de nouveau d'associer les consignes que je donne à pied à celles que sa cavalière donne montée. Le lien se fait très mal pour Hope. Il se traîne, voire se fige complètement dans ses déplacements, se raidit beaucoup. Il est subjugué par ma présence, je suis sa référence et il ne voit pas du tout ce que vient faire la personne sur son dos. Il croit que l'exercice consiste à porter sa charge en me suivant partout, comme il sait si bien le faire. Ma sœur me fait alors justement remarquer que nous avons atteint les limites de cette technique d'apprentissage. D'autant plus que nous savons que nous ne dégageons pas du tout la même énergie, elle et moi, lorsque nous sommes en selle. L'expérience nous a montré que ma sœur a des vertus calmantes sur ses chevaux grâce à son sens de l'observation et de l'écoute, à son détachement de la performance immédiate. Quant à moi, j'ai ce que les gens de cheval appellent communément la « fesse électrique », beaucoup de tonicité et d'initiative, qui, c'est vrai, peuvent stresser les chevaux, mais qui ont paradoxalement et éthologiquement un effet apaisant du fait que je m'affirme sans ambages comme leader. Tout ça pour dire que les chevaux peuvent être à l'aise avec des types de personnalités différentes, très zens ou très directives. Le cheval fonctionne soit en blanc, soit en noir et le gris est l'ennemi de l'approche éthologique.

12 avril :
Il est donc temps que je remonte sur Hope, seule. Dès que je suis en selle, j'apprécie les effets du travail de désensibilisation que nous avons fait, je n'ai plus du tout l'impression d'être assise sur de l'explosif. Je peux bouger en tout sens sur la selle et c'est sécurisant, parce que je vais devoir beaucoup m'agiter. Car Hope n'a pas du tout envie d'avancer. L'immobilité le rassure et, en plus, sa bipède référente n'est plus à pied à côté de lui. Il fait donc ce qu'on lui a appris à faire en le désensibilisant : il se pose et attend que cessent les excentricités des bipèdes sautillant, grimpant et gesticulant. Je réussis à le convaincre de faire quelques pas dans le manège, mais ce n'est guère plus brillant qu'avec ma sœur hier. Hope me pose une sacrée colle. C'est la première

fois que j'ai un jeune cheval qui, à ce stade du travail, ne donne pas une réponse exagérée à la mise en avant. En général, les jeunes chevaux se rassurent en marchant vite, voire en trottant et en galopant, jusqu'à retrouver plus de confort dans l'immobilité. Hope lui, prend un raccourci en réponse au stress de se déplacer sans moi à pied à ses côtés. Pourquoi bouger quand on est stressé, puisque lorsqu'on stresse, la bonne réponse est de se calmer et de s'immobiliser ? Hope est un sacré philosophe !

Ma sœur, qui est une vraie intellectuelle et ne fonde pas ses réflexions de club-house sur la lecture de romans, s'empare donc du problème en relisant son « Elisabeth de Corbigny », pionnière de l'équitation éthologique « à la française », plus féminine que les chuchoteurs américains aux méthodes parfois brutes de décoffrage. N'oublions pas qu'à l'origine les « whisperers » (chuchoteurs) sont des cow-boys qui doivent obtenir rapidement des chevaux aptes au travail pour s'occuper du bétail, ce qui explique certaines manières un peu rustres pour convaincre leur cheval de leurs « bonnes idées ». Mais Elisabeth explique surtout comment contenir la fougue d'un jeune cheval stressé de faire ses premiers pas avec son cavalier sur le dos, tout l'opposé de Hope qui se confirme être atypique. Cependant la restitution des écrits d'Elisabeth de Corbigny par ma sœur me remémore une méthode de travail très élégante et très française : le travail à pied à hauteur de la selle, rênes ajustées comme le cavalier. C'est vraiment la classe pour ceux qui la maîtrisent, tels les écuyers du Cadre Noir de Saumur, qui obtiennent ainsi de leurs chevaux les

« sauts » classiques comme la croupade et la lançade. C'est un art qui me rend toujours admirative, surtout quand il est mis en oeuvre par un enseignant de dressage comme Claude Cesario, capable de venir aider son élève à cheval en se plaçant à pied à son côté et en prenant les rênes à sa place, voire en prenant juste les mains du cavalier : une manière de transmettre tout en proprioception vraiment convaincante, mais que j'utilise rarement car j'estime ne pas avoir assez bonne main. Mais bon, là, en licol éthologique sur des rênes longues et pour faire le tour du manège sur la piste, pas pour demander une épaule-en-dedans, je ne vais faire de mal à personne !

L'intérêt est que je ne me situe plus du tout de la même façon dans le champ visuel de Hope et que j'exécute, avec mes bras et mes mains, les gestes que je pourrais faire en selle, une main de chaque côté. Hope n'aime pas trop. Il me préfère à la hauteur de son épaule qu'à la hauteur de la selle mais ça, je le sais, c'est le cœur du problème. Je simplifie donc la tâche au maximum : juste rester sur la piste au pas, demander un arrêt de temps en temps, puis repartir. On sort du travail «éthologique » classique, basé au début sur le fait de rester sur le cercle, avec un pli d'encolure interne permettant un « arrêt d'urgence » sur une flexion d'encolure en cas de panique. Mais la panique de Hope ne semblant pas vouloir s'exprimer par la fuite, je vais essayer de lui expliquer ce que j'attends de lui sans les phases intermédiaires qui semblent le troubler.

Le message est bien passé et est enfin reproductible en selle. Me voici donc directement en piste au manège, sur un Hope au pas, qui ferait presque les coins ! Chose qui aurait été impossible avec Fairytale, la pouliche de mon dernier débourrage. Car les premiers temps, elle était tellement dans le mouvement en avant que lui laisser une longueur de manège pour prendre de l'élan était complètement inenvisageable, voire voué au saut de la barrière du manège au bout de la longueur. Je le sais parce que dans un moment de panique dû au stick mal manipulé, elle a essayé. Hope, lui, n'est toujours pas ému par l'emploi du stick, assez appuyé pourtant. Mais comme il a bien compris l'exercice de marcher sur la piste, il finit par répondre pour la première fois à la sollicitation des jambes pour avancer. Puis des mains pour s'arrêter. C'est gagné, l'association est faite ! « L'association » ? C'est connoté, ça, encore, non ?

PS : Je sais que je ne suis pas vraiment toute seule sur mon canapé et je remercie celle qui a pris la place sur le fauteuil que je lui ai proposé, en l'occurrence le siège d'une selle.

17 et 18 avril, jours 16 et 17 :

Poulains parfaits et rupture de la distanciation sociale, à deux dans le manège.

La saison des poulains a commencé. Autour de moi, mes amis et collègues accueillent ce que nos juments chéries mettent presque un an à peaufiner. J'ai d'ailleurs une pensée pour ceux qui voient aussi leurs espoirs déçus… Les cauchemars du poulinage sont à la hauteur des joies qu'il peut engendrer.

Et en effet, quelle joie, quel éblouissement ! Les poulains arrivent complètement terminés, prêts en quelques heures à galoper, avec des jambes presque aussi hautes que celles de leur mère, des poils doux et aux couleurs déjà contrastées sur tout le corps, des crins lisses ou bouclés qu'on dirait peignés in utero, de grands cils de biche, des petits pieds parfaits et durs comme les pierres des chemins qu'ils peuvent d'ores et déjà arpenter. On est loin des oisillons nus, des chiots aveugles et rampants, et des petits d'homme qui auront besoin de plusieurs années pour être physiquement autonomes. Cette perfection du poulain a dû contribuer au mythe collectif du cheval, symbole de force, de vie et de beauté. Mais ce premier de la classe de l'évolution a été desservi par ses aptitudes précoces et extraordinaires : les bipèdes - qui le chérissent pourtant- ne lui laissent guère le temps de grandir et d'apprendre comme un petit mammifère en aurait besoin.

Aujourd'hui je me rends compte de tout ce qu'implique le fait de « dresser un cheval » parce que, pour la première fois, j'ai le temps d'observer chez un jeune cheval les chamboulements créés par les attentes de l'homme, ainsi que les efforts d'adaptation que la réponse à ces attentes nécessite. Le temps que souvent nous ne prenons pas - même si nous faisons preuve de bienveillance - est facteur de nombreux problèmes que nous retrouverons ensuite en tant que cavaliers, et avec lesquels nous avons pris l'habitude de composer en nous « imposant ».

Donc, après une excellente séance montée hier, où Hope semble avoir compris les codes de base pour marcher, trotter et s'arrêter, ma sœur et moi sommes curieuses de voir comment il va réagir lors d'une séance en présence d'un congénère. En effet, nous avons tous l'habitude de débourrer le jeune cheval seul dans l'aire de travail, pour éviter les comportements grégaires qui parasitent l'apprentissage et déconnectent l'animal de son cavalier. L'astuce « de toute façon, tu n'as pas le choix, il n'y a que moi » est très utile au démarrage, ne nous le cachons pas. Sauf que par la suite on a vite besoin de travailler avec d'autres chevaux, en balade, en compétition, en cours collectif… Et ce jour-là, surprise ! On n'a pas du tout prévu que ce changement d'environnement peut énormément stresser le nouvel élève, qui a appris à tout bien faire au calme avec son précepteur personnel en cours particuliers. Voilà que débarquent au manège les vieux roublards du fond de la classe, les coupeurs de coins, les petites frappes aux postérieurs légers, les doubleurs invétérés des premières foulées de galop, les trouillards irrécupérables qui ont peur du même cône depuis dix ans…

C'est pourquoi nous avons choisi de rompre la désormais fameuse «distanciation sociale » en douceur, avec l'indéboulonnable Like, poney de compétition retraité et « tonton » de Hope depuis son sevrage à un an. Like assume ce rôle avec beaucoup de philosophie, car Hope n'est pas toujours tendre avec lui, le poursuivant par jeu un peu brutalement, sans comprendre qu'il est injustement avantagé par l'arthrose de son vieux compagnon. Malgré tout Like reste une référence pour Hope qui, même s'il ne lui montre pas toujours le respect qu'il devrait , « snappe » toujours devant lui : mâchouillement ostensible bouche ouverte et nez tendu, signe d'une indéfectible soumission. Même habitué à suivre Hope comme le valet expérimenté suit le jeune premier dans toutes les galères, Like est quand même un peu étonné de se retrouver au manège après deux ans d'une retraite bien méritée. Surtout que, dans un premier temps, on ne lui demande que de rester au milieu sans bouger.

Sa seule présence s'avère cependant perturbante pour Hope. A pied en « stick to me », Hope ne travaille pas comme d'habitude. Une fois même, au trot, il manifeste sa grande envie de rester avec Like et de ne plus me suivre. Me voici donc obligée de le « faire bouger », affrontement qui nécessite de ma part une montée d'énergie forte mais contrôlée, ainsi que beaucoup de détermination à ne pas donner de « repos » au récalcitrant tant qu'il ne se range pas à mon idée. C'est toujours éprouvant, surtout quand on stresse un animal foncièrement doux et posé comme Hope. Heureusement, ça va vite car Hope, comme d'habitude, n'a pas d'arguments physiques menaçants à m'opposer, ce qui est un point décisif à ce stade de la relation avec l'humain. Hope continue donc à trotter mais, toujours très attiré par Like, il a tendance à accélérer le trot en allant dans sa direction. Là encore j'arrive assez facilement à le convaincre de ne pas s'éloigner de ma sphère d'influence. Je reste donc le leader à suivre et Hope redevient attentif et léger en main. Ouf ! Je n'aurais jamais cru que la concurrence de leadership avec le vieux Like serait si difficile. Il a encore un sacré charisme, l'ancien crack de concours, même immobile les oreilles en avion au milieu du manège !

Une fois la connexion rétablie, Hope et moi nous promenons au manège devant Like, puis derrière Like, en main puis monté par ma soeur. Le réseau est de nouveau excellent puisque Hope ne s'intéresse qu'à mes demandes, quoi que puisse faire Like. Au trot, le pauvre Like est bien boiteux avec son arthrose et n'avance pas assez vite. Hope garde ses distances à ma demande sans souci. Fini l'effronté qui profite de sa jeunesse pour aller mordre les fesses du vieux ! Un peu de respect pour les aînés !

Quand nous dessellons Hope, nous constatons qu'il a bien transpiré au passage de sangle alors que la séance d'hier, où il était seul et avait trotté plus longtemps, l'avait laissé complètement sec. Il a donc supporté un gros stress aujourd'hui, ce qui vient confirmer que nous brûlons les étapes sans même nous en rendre compte, quand nous décidons du jour au lendemain de travailler en compagnie d'un autre cheval.

Chez les chevaux, quand certaines situations ne sont pas comprises, elles peuvent être juste admises. Par exemple, je pourrais faire admettre à Hope, lors de sa future première course d'Endurance, qu'il faut trotter en ligne à côté des autres candidats, y compris des juments. Mais sans autre préparation en amont que le travail en tête à tête avec moi, cette demande génèrerait chez lui une énorme excitation que je devrais durement réprimer dans l'urgence. Le stress engendré par ce genre de situation improvisée est seulement toléré par le cheval. Mais un jour il peut devenir intolérable, atteindre la fameuse « zone rouge », prendre le dessus et provoquer une réaction violente, voire un accident.
Je me rappelle une réflexion qu'Aude Gasc avait faite à ma sœur, lors d'une séance de travail de son jeune cheval de cinq ans, Eskiss, débourré et déjà monté en balade, et même en courte randonnée : « Tu pars en extérieur avec ça ? Tu es courageuse ! ». J'avais trouvé la critique un peu dure, car s'il est vrai qu'Eskiss avait présenté au cours de la séance des craintes et des comportements nerveux, je trouvais que ces réactions étaient normales pour un jeune cheval peu expérimenté. La fougue de la jeunesse, quoi... Et je ne comprenais pas bien la décision de ma sœur de confier Eskiss à Aude pour finir un débourrage qui, pour moi, était déjà terminé, le reste n'étant que de l'expérience à prendre. En fait, je commence à prendre conscience que non : la réactivité, les défenses, la nervosité, ce n'est pas « normal ». Compter sur l'expérience en

attendant qu'une situation propice, pas trop dangereuse quand même, surgisse au bon moment de l'apprentissage, c'est possible, mais c'est trop parier sur la chance.

Nous demandons à nos chevaux des choses très compliquées, sans prendre le temps de leur proposer des situations adaptées pour qu'ils les comprennent. Même s'ils semblent avoir pris une sacrée avance dans la vie au moment de leur naissance, et même s'ils sont naturellement dans l'acceptation, notre rôle n'est pas de les « dresser » contre leurs craintes instinctives, mais de les élever au-dessus d'elles. C'est bien la même chose qu'ils font pour nous...

A partir du 19 avril, jour 18 et suivants :

Premier ferrage, gammes et tour du pâté de maisons.

19 avril :
Forts de notre expérience avec Like, Hope et moi nous sentons d'attaque pour aujourd'hui partager le manège avec ma stagiaire monitrice et son fidèle Domingo, qui est aussi un compagnon de pré de Hope. Et comme je suis vraiment fière de mon élève, je le prépare à l'attache aux écuries, comme un grand !

Hope, bien que très attiré par Domingo qui est le chef incontesté du pré donc la référence absolue, ne présente pas les mêmes défenses qu'hier. Il reste connecté avec moi, en main comme monté, au pas ou au trot. Je demande quand même à ma stagiaire monitrice de me prévenir quand elle commencera son travail au trot et au galop, car je sens que cela va poser une question à Hope, qui craint Domingo. Je ne veux pas que Hope s'imagine qu'il est pourchassé par un Domingo en colère de le savoir dans son espace. Donc je me place au milieu et je laisse Hope dans une parfaite immobilité (c'est son exercice préféré !) regarder le travail de Domingo. C'est très drôle de voir Hope complètement hypnotisé par ce spectacle. Comme un spectateur de Roland Garros, il suit Domingo du regard d'un bout à l'autre de la piste. Il n'en perd pas une miette.

Une étude scientifique a montré, je ne sais plus dans quelles conditions, que les chevaux étaient incapables d'apprentissages par imitation. A la façon dont Hope étudie le galop rassemblé de Domingo, j'ai l'impression qu'à la fin de la séance je vais pouvoir le mettre à la pirouette... Enfin ça, ce serait si Hope n'avait pas terriblement mal aux pieds, notamment l'antérieur droit dont le sabot s'est fendillé de toutes parts. Comme sa sœur Nana et sa mère Rose, Hope a de mauvais pieds, friables et fragiles, et le travail, bien que physiquement léger, a commencé à les détériorer de manière gênante, surtout avec le poids du cavalier sur le dos. J'ai renoncé à le faire galoper au manège, même en main, car le sable est en ce moment trop sec et dur, avec des petits cailloux qui sont remontés à la surface. On devait sabler avant le confinement...

Le problème se confirme quand je demande à ma stagiaire de m'accompagner avec Domingo sur le chemin empierré au-dessus du centre équestre, afin que Hope profite de ses progrès pour apprécier une petite sortie entre potes. Malheureusement, dès le parking, je dois y renoncer : Hope a failli se mettre sur les genoux deux fois en essayant d'éviter les cailloux. Avec moi sur le dos et ses pieds longs et douloureux, son équilibre est complètement perturbé. C'est un peu frustrant parce que je le sens motivé et en confiance. Mais ce sera l'occasion de son premier parage et qui sait, de son premier ferrage la semaine prochaine. Hope a eu l'honneur de se voir accueilli dans la liste des privilégiés du maréchal qui ferre Bloomy, mon géant de concours aux pieds d'argile, et Rossinante, ma gazelle d'endurance. D'ici-là, j'ai quelques jours pour peaufiner la prise des pieds, car il n'est plus question de le monter. Mais voilà Hope bientôt officiellement dans la cour des grands, et parmi « mes » chevaux.

Premier ferrage :
Le premier ferrage est un moment important de la vie et de l'éducation d'un cheval. Mon maréchal a été époustouflant de patience et de compétences. Hope a eu droit à un ferrage éthologique.

Le maréchal a déjà ferré Rossi et Bloomy, mes deux chevaux de tête, sous une pluie battante quand il me demande d'amener Hope. Il craint que Hope ne veuille pas rester seul, alors je lui explique que rester avec Rossinante, ma charismatique jument grise appréciée de tous les troupeaux, mais en début de chaleur... ou avec Bloomy, mon fier titan de concours qui n'a toujours pas compris qu'il était hongre... ça allait être compliqué avec le petit Hope plein d'hormones. Je lui promets cependant que l'animal n'est pas grégaire. Cela ne rassure pas vraiment le maréchal parce que Hope arrive très agité, très impressionné par ce monsieur inconnu et un peu bourru, et très inquiet de voir tous les outils, surtout la camionnette rouge vif. Heureusement, il entre vite dans le cadre du travail en ma présence. Et le maréchal, qui est très observateur, comprend très vite aussi les codes et s'installe dans le même cadre avec des savoirs éthologiques cohérents. Il pratique, comme moi, le renforcement négatif : il demande les pieds plusieurs fois de suite et les relâche seulement quand la pression retombe. Il fait brûler de la corne devant Hope, technique classique pour habituer les jeunes aux fumées du ferrage à chaud. Mais il va beaucoup plus loin : il joue avec la curiosité de Hope et attend que le cheval vienne spontanément vers lui regarder cet étrange objet fumant et odorant. Il sait qu'il devra brocher (enfoncer les clous) rapidement, alors il forge les fers au plus près de la morphologie des sabots de Hope. De la haute couture ! Au final, mon super maréchal (coordonnées sur demande, il est très sollicité !) a mis deux heures pour ferrer Hope, mais j'ai vraiment l'impression d'avoir travaillé en équipe et que mon travail est aussi apprécié par le maréchal que j'apprécie le sien. Et je m'avance un peu peut-être, mais je crois qu'il a aimé relever le challenge.

J'ai eu beaucoup de chance de trouver un maréchal qui a su reconnaître et appliquer une méthode de travail et de communication. Je pense que, vue la connexion que j'avais avec Hope, on aurait pu s'en sortir dans d'autres conditions. Mais je sais les traumatismes qu'aurait causé ce premier ferrage si je n'avais pas pris le temps que j'ai pris en amont. J'ai débourré de très jeunes chevaux pour la course et j'ai vu qu'on ne leur laisse pas le choix, ils sont ferrés de toute manière. Mais on se retrouve ensuite avec des chevaux comme mon Bloomy, parfait en tous points sauf pour la prise des pieds de derrière, qui nécessite quelqu'un d'expérimenté et de précautionneux. N'est-ce pas curieux pour un cheval de treize ans avec un tel niveau de dressage ?

Jours suivants et première sortie montée:
Inutile maintenant de décomposer chaque séance de Hope. Depuis qu'il a été ferré en début de

semaine, nous faisons maintenant nos gammes, dans le but ultime que je suis sûre de partager en ce moment avec la moitié de la planète : sortir se balader. C'est très motivant comme objectif…

Après la pose de ces nouvelles chaussures et une séance d'acclimatation au manège, nous voilà prêtes, ma sœur et moi, pour un objectif intermédiaire de taille : une sortie du manège en compagnie d'un congénère, pour un tour des prés attenant au centre équestre. Se pose une délicate question, car notre choix en mâles est limité: engage-t-on dans l'aventure tonton Like boiteux, mais qui semble parfois dans un état d'énergie plus propice à passer un triple d'oxers à 1m20 ? Ou Bloomy le magnifique qui ne tolère aucun rival dans son entourage ? Notre choix se porte sur Bloomy, car il a déjà parfaitement assuré dans cette tâche d'accompagnateur avec Fairytale, lors de son débourrage.

Pendant la détente au manège Hope est très intrigué par Bloomy. Un peu craintif aussi. Il faut dire que pour Hope, Bloomy c'est le gros baraqué au regard noir et aux oreilles peu avenantes, qui fait rouler ses muscles le long de la clôture dès qu'il jette un regard un peu trop concupiscent vers le troupeau de ses « filles ». Heureusement, Bloomy n'en a cure… Il est tout à son bonheur d'être avec ma sœur, qui lui a fait un pansage tel qu'il estime le mériter, et dont la seule exigence est de se balader mollement au pas, rênes longues, dans le manège. Comble du plaisir de collégien quand le prof est absent, ma sœur reçoit un coup de fil et immobilise Bloomy au milieu du manège, duquel il a une vue imprenable sans se fouler la rate. Bloomy est tellement habitué aux paddocks surchargés et à l'ambiance survoltée des concours que Hope pourrait bien se mettre à danser la macarena sans que cela le concerne. Les circonstances sont donc idéales pour que Hope commence à acquérir les mêmes compétences que mon Bloomy, et il finit par ne s'occuper que de mes demandes, complètement rassuré par le calme indifférent du gros baraqué du milieu.

C'est donc en tête que Hope et moi sortons du manège, suivi par un Bloomy débonnaire et contemplatif des changements que le printemps a apporté sur son petit tour de routine qu'il n'a pas fait depuis longtemps. Tout est vert, les oiseaux chantent, il fait un temps magnifique, et je suis sur mon cheval dans le chemin qui sort du centre équestre... Oui, «mon » cheval, celui à qui j'ai donné ma confiance et qui me donne la sienne, pour cheminer un bout ensemble.

Même si nous ne sommes pas égaux en droits dans ce monde complexe, nous naissons libres. Nous naissons avec un potentiel de liberté immense, donné par notre corps et notre esprit, merveilleuses machines. Mais la liberté n'est pas un dû. Le potentiel d'évasion s'entretient, c'est la chose la plus importante que j'aimerais transmettre en tant que professeur et éducatrice sportive. Exulter d'avoir fait le tour du pâté de maisons ? Oui. Les chevaux sont de précieux alliés dans la transmission du combat pour notre liberté, car toute la discipline que nous engageons à les connaître, en matière d'évasion, double la mise.

Attestation de déplacement dérogatoire pour raison professionnelle : le vent souffle entre les oreilles.

Les chevaux, les chiens et nous, les humains, sommes des animaux nomades. C'est inscrit dans notre génétique au rayon « survie ». Mais au fil du temps l'humain a mis au point des techniques pour se sédentariser et s'éviter d'interminables transhumances. Or j'en connais deux qui, trouvant ce gain d'énergie fort intéressant, se sont proposés pour collaborer au projet « économisons nos pieds » : le chien en gardant et en chassant ; le cheval en prêtant sa force et sa rapidité à l'agriculture et aux transports. Ils ont sacrifié leur liberté, diront les vegans et La Fontaine dans sa fable « Le Chien et le Loup ». Mais on peut penser à l'inverse que ces deux espèces se sont offert une forme de liberté, celle de ne pas consacrer toute leur énergie à leur survie… du moins pour ceux d'entre eux qui ne sont pas tombés sur des humains crétins, ceux qui ne connaissent pas la collaboration mais seulement la domination, suite à un bug d'évolution de leur cerveau reptilien.

Quoi qu'il en soit, nous avons gardé ce désir du déplacement ancré en nous. Je l'ai constaté chez Hope lors des séances au manège qui ont suivi notre première petite sortie avec Bloomy : son désir de se porter en avant, appelé « impulsion » en équitation, a nettement augmenté, sa sensibilité aux jambes du cavalier aussi. Ma sœur et moi sommes arrivées à la même conclusion : pour continuer à progresser Hope doit à nouveau sortir du manège.

Bien que ce ne soit pas complètement autorisé encore, l'occasion se présente aujourd'hui où nous sommes trois professionnelles équestres présentes : mon élève monitrice avec son fidèle Domingo, référence absolue pour Hope ; et ma sœur (accompagnatrice de tourisme équestre) avec mon très expérimenté Bloomy, qui sont mes références absolues à moi. L'escorte rêvée ! Et il faut bien ça car, pour sortir du centre équestre, on longe un pré où se trouvent quatre de mes poneys de club désoeuvrés depuis plusieurs semaines et donc prompts à la galopade le long des clôtures à la moindre occasion d'animation. Ajoutons à cela que parmi eux une splendide beauté noire du nom de Toutunistoir, très émoustillée par le printemps et l'herbe verte propices aux gestations heureuses, passe ses journées à flirter avec Bloomy en poussant des couinements de donzelle faussement outragée. Alors quand j'arrive avec le plus beau et surtout seul vrai gars du coin en bord de clôture, inutile de dire que Toutunistoir voit tous ses rêves de poulain à portée de naseaux. Gros moment de panique. Je perds complètement la connexion avec Hope. Il s'agace que je m'interpose entre lui et la frétillante ponette, des défenses apparaissent, il esquisse quelques cabrés, heureusement sans aller au bout. C'est Domingo et mon élève monitrice qui nous sauvent en s'intercalant entre Hope et la clôture du pré et en nous escortant au botte à botte jusqu'au bout de celui-ci. Hope tente bien de lancer des œillades ravageuses à Toutunistoir par-dessus l'encolure de son chaperon improvisé, mais il respecte trop Domingo pour tenter de franchir cette barrière virtuelle. Il faut que j'accepte de ne plus être le leader pendant quelques mètres et que je délègue ce pouvoir à Domingo, qui remplit parfaitement ce rôle en arborant un marmoréen calme de hongre. Exactement le mur inerte dont j'avais besoin pour que Hope se rappelle ma présence sur son dos.

Ma sœur me fait alors remarquer que nous ne sommes pas au bout de nos peines, car le tracé que j'ai choisi est semé d'embûches qu'elle m'énumère : chiens bondissant, cochons, moutons, traversées de route… Elle a raison, mais que faire ? Le centre équestre est situé en plein cœur d'un village rural, chaque promenade commence immanquablement par ce genre de difficultés. Hope est prêt, il est « codé ». Je ne pourrai jamais tester au manège toutes les situations où employer ce code, et donc le confirmer encore plus. On y est, il faut se lancer !

Cela ne tarde pas : le chien du voisin nous saute dessus depuis un talus en contre-haut. Heureusement, nous connaissons l'énergumène qui a pris l'habitude et un grand plaisir à faire de même avec Nana et ma sœur, quand elles s'en vont toutes les deux rejoindre leurs copines de balade. C'est donc en cavalière avertie (qui en vaut effectivement deux), que j'encaisse le vif demi-tour de Hope consécutif au surgissement du chien. Hope répond parfaitement à la fameuse « rêne d'arrêt d'urgence » que j'ai tout de suite mise en œuvre. Il ne va pas plus loin que le bout du nez de Domingo en face duquel il s'est retrouvé, l'encolure ployée dans une respectueuse flexion. Il en profite pour se réassurer en reniflant longuement l'odeur de son leader de pré qui joue une fois encore son rôle de mur impassible. Je laisse faire Hope car je sais que l'émotion a été intense. Entre temps notre voisine rappelle son chien. La voie est libre et c'est avec un courage étonnant que Hope reprend facilement la tête de notre petite troupe.

Le voilà en route, mon Hope, heureux de découvrir de nouveaux espaces, marchant d'un pas volontaire. Il regarde à droite et à gauche - la vue semble être son sens principal - et il hésite parfois devant une poubelle, un chien derrière une haie, ou le bruit de l'eau qui court dans le fossé le long de la route. Mais plus question de faire demi-tour, la suite de l'aventure est bien trop intéressante ! Et si parfois il faut quand même s'arrêter pour comprendre les nouveautés, les haltes sont brèves. Hope est à l'écoute de mes caresses et de mes encouragements, toujours prêt à repartir de l'avant. Sur la route puis le chemin qui longent l'aérodrome, parfaitement rectilignes et à la vue dégagée, notre confiance nous grise. Nous partons au trot !

Le chemin s'ouvre devant nous et semble aller tout droit vers les Pyrénées, en une perspective parfaitement lisible pour un œil équin amateur de vastes étendues... Alors là, la machine de course s'enclenche. Le trot se fait assuré et régulier, les oreilles se pointent vers l'avant, le port d'encolure se redresse, les naseaux s'ouvrent. Hope, le coursier du désert, commence à comprendre. Il commence à comprendre qu'il est né pour que les sentiers se déroulent sous ses pieds et pour que le vent souffle entre ses oreilles. Son envie est telle que je dois repasser par deux fois au pas pour lui rappeler que la passagère a aussi son mot à dire.

Il voudrait galoper, s'enivrer de vitesse avec ses deux copains derrière lui, ramenés gentiment à la raison par mes deux excellentes collaboratrices. Mais je ne veux pas imposer ce stress supplémentaire à mes deux gardes du corps qui font déjà beaucoup d'efforts pour garder leur fringant destrier derrière Hope avec les plus convenables distances réglementaires. Exercice d'autant plus difficile que leurs chevaux ont l'habitude de galoper à cet endroit.

Nous rentrons donc en alternant pas et trot, et aussi la position de Hope que nous faisons passer entre Domingo et Bloomy, puis en dernière place. Hope reste assez bien à l'écoute, même si des signes de fatigue physique font leur apparition. Voilà une heure qu'il me porte sur un terrain dénivelé avec des phases de trot beaucoup plus longues qu'au manège. C'est beaucoup pour un cheval qui n'a pas encore eu trois ans. En plus, une grosse averse vient se mêler de notre retour. Nous rentrons donc trempées mais tellement heureuses d'avoir partagé avec nos chevaux ce plaisir de cheminer.

C'est un plaisir qui a souvent été analysé comme propre à l'homme et dont nous faisons tous l'expérience : prendre la route ou partir pour se calmer ou réfléchir, endormir un nourrisson en roulant ou en marchant, écouter un enfant d'habitude taciturne vous raconter sa vie quand il se promène à dos de poney… jusqu'à Montaigne, cher à ma mère, qui disait avoir ses meilleures pensées en cheminant à cheval. Le déplacement, le défilement du paysage, la contemplation d'espaces changeant subtilement au rythme de la progression, tout cela participe de notre évolution intérieure. Je crois que les chevaux ont la même capacité, de par leur instinct nomade commun au nôtre. Et je pense que se priver de ce moyen de progression est voué à l'échec en équitation. On ne peut pas « connecter » correctement un cheval en restant dans un manège, même en travaillant du dressage de haut niveau. Je me souviens de mon étonnement un jour que je participais à un concours de dressage où se déroulaient des épreuves de niveau international. Dans l'aire d'échauffement, les sprinklers d'arrosage automatiques se sont déclenchés alors qu'une dizaine de chevaux et leurs cavaliers se préparaient pour leur épreuve. Tous ces cavaliers, capables de faire effectuer à leur splendide monture des figures extrêmement contraignantes comme des pirouettes ou des piaffers, ont sauté à terre pour ne pas avoir à affronter la réaction de leurs chevaux face à cette surprise. Vu la réaction effective des chevaux, je peux confirmer que leurs cavaliers avaient un vrai sens de la survie, j'aurais fait pareil ! Sortir du manège et subir les imprévus c'est une prise de risque que quelques cavaliers trouvent exagérée et donc inutile. Mais n'est-ce pas là que réside la différence entre le dressage et l'éducation ?

8110 mai 2020 :

Hippopo…Hope, le cheval qui fait de l'équitation.

A la veille de la réouverture du centre équestre, je pensais que je parlerais du bonheur de voir ce lieu s'animer à nouveau et de reprendre l'enseignement, enrichie de mon expérience avec Hope. Mais ce soir, je rentre à la maison au bord des larmes… J'ai les mains noires de graisse et je suis trempée après une après-midi sous une pluie diluvienne consacrée à la réparation de mon vieux tracteur que l'entretien optimal de mes prairies a rendue urgente, car l'économie du centre équestre repose aujourd'hui sur les seules pâtures. Je suis stressée et mise en colère par l'attente des directives officielles affreusement contraignantes qui conditionneront la reprise de mon activité. Et je n'ai pas pu monter Hope ce matin avec ma sœur comme c'était prévu car il s'est révélé boiteux. Sûrement une petite fragilité de ses pieds qui a dégénéré.

Ce n'est pas parce qu'une parenthèse s'ouvre hors du temps qu'elle s'ouvre hors des réalités. Et ce n'est pas parce qu'on en fait une histoire qu'une fin heureuse vient la clore. D'ailleurs mon père a trouvé que le dernier épisode de Hope était trop bavard et moins dans l'action. Cette réflexion est justifiée et je l'interprète comme un signe que l'expérience touche à sa fin, car elle perd en spontanéité. Alors pour terminer, de l'action ! Voici la dernière sortie que Hope et moi avons faite en compagnie de ma stagiaire monitrice et de Domingo, son cheval.

Une sortie avec un thème que nous décidons aquatique. Il fait très chaud, et ma stagiaire rêve d'aller baigner Domingo au lac de Castelnau, car il adore y nager. Quant à moi, j'ai remarqué dans les précédentes séances la grande peur que Hope avait des flaques d'eau et des terrains boueux. Je pense que cette expérience d'entrée dans l'eau sera vraiment intéressante. En plus, j'ai la garantie de partir avec un cheval qui adore l'eau et qui sera donc très rassurant. Car Hope est le digne héritier de sa lignée de pur-sangs arabes : l'eau, c'est pas son kiff ! On remarquera que cette caractéristique est commune aux ânes, et donc peut-être à tous les équidés des pays chauds et secs. J'ose espérer que l'hydrophobie de Hope est associée à l'intelligence asine calme et posée face aux problèmes aquatiques, parce que je n'ai pas prévu le maillot de bain...

Avant d'arriver au lac, il y a quand même quelques difficultés. On commence par longer un pré occupé par mes poneys, qui sont heureusement en pleine séance de bronzage digestive et qui se dirigent mollement vers la clôture, histoire de faire les concierges quand même. Domingo joue encore une fois son rôle de garde du corps à la perfection, en protection rapprochée au botte à botte, avec un calme de professionnel. Il ne lui manque plus que l'oreillette, le costard et le flingue !

Ensuite, nous devons franchir pour la première fois une rigole métallique qui traverse la route. Les non-cavaliers ne verront pas où est le problème, les cavaliers se sont déjà dit : « Là, il va y avoir du sport ». En effet les chevaux, mais aussi les ânes, les vaches et les moutons, ont en horreur ces dispositifs métalliques ajourés, vibrant et résonnant sous les sabots, posés sur un trou dont ils ne voient pas le fond. D'ailleurs, en élargissant ces passages, on obtient le principe des barrières canadiennes, grandes grilles posées en travers des routes montant aux estives et qui sont suffisamment dissuasives pour remplacer des clôtures. Et là, pas question de compter sur Domingo : il déteste lui aussi ce passage et c'est d'ailleurs un point de conflit récurrent avec sa cavalière. Je lui demande donc de ne pas trop insister pour passer, pour éviter que Domingo vienne ajouter du stress à Hope. Car en plus il y a un chien qui aboie dans la maison voisine et une ombre portée par un pylône juste derrière la rigole : des conditions difficiles qu'il ne faut pas envenimer avec un congénère référent hésitant. J'insiste un peu en selle, mais je comprends vite que l'exercice semble insurmontable à Hope. Je cesse donc mes demandes une fois que Hope est arrêté calme et droit devant la rigole, sans chercher à s'échapper latéralement, et je mets pied à terre en prenant garde que l'immobilité soit respectée. Je lui fais franchir la rigole à pied, ce qu'il exécute au pas, sans l'ombre d'une hésitation et surtout, sans faire un énorme bond de panique par-dessus. C'est la preuve qu'il avait bien réfléchi au problème et qu'il ne comptait pas « s'en débarrasser » par une réaction surdimensionnée ; il ne voyait tout simplement pas la solution. Je lui fais effectuer plusieurs aller-retours sur la rigole, puis je me remets en selle, en plein centre de Castelnau, sur la route, à côté du chien toujours très inquiet qu'on vienne brouter ses rosiers. Je précise tout cela car le montoir est parfait, et Hope attend simplement la consigne suivante. Consigne qui est de franchir de nouveau la rigole avec moi en selle. Trop facile !

Nous devons aussi traverser un petit sous-bois peu engageant car très sombre, surtout qu'il se situe après une traversée de champ en plein soleil. Le changement de luminosité est d'autant plus inquiétant qu'une étroite sente zigzague dans le sous-bois à ras des arbres, et qu'elle est souvent jonchée de branches et de troncs. Un vrai gymkhana, d'ailleurs souvent traître pour la tête ou les genoux de mes cavaliers randonneurs. Hope hésite un peu à entrer dans le sous-bois, mais une fois qu'il y est, il se montre très précautionneux et appliqué. Il est à l'écoute de mes consignes de changement de direction ou d'équilibre, motivées par le souci d'éviter des branches ou des arbres. Et il enjambe les petits troncs et les branchages comme un vieux cheval de randonnée, sans sauter et sans se précipiter. Je reconnais le calme dont il avait fait preuve dans l'entrelacs de barres que ma sœur avait mis en place pour ses entraînements de mountain trail, au manège. Je suis très fière de lui et il le sent : il sort du sous-bois en conquérant, la tête haute et les oreilles dressées, prêt pour un nouveau défi. Il ne sait pas encore que celui qui suit est de taille !

En effet, nous arrivons au lac. Ma stagiaire monitrice et Domingo, grands adeptes de la baignade, entrent directement dans l'eau par une pente douce au milieu des joncs. Domingo attend le petit jeune avec de l'eau à mi-canon, un peu impatient quand même d'aller se rafraîchir le ventre. Il va lui falloir être très patient parce que Hope est dans un état de stress avancé. L'exercice de la rigole me permet de l'immobiliser bien droit au bord de l'eau, les pieds dans la boue. Mais cette fois je n'ai pas prévu de descendre pour entrer la première dans l'eau. Et franchir la petite barrière de joncs pour se retrouver les pieds directement dans l'eau, c'est beaucoup d'inconnus à gérer. Hope a tout à fait compris ce qu'on attend de lui et il est vraiment touchant. Il regarde Domingo en bougeant les oreilles en tout sens, il met plusieurs fois la tête par terre en soufflant pour analyser le terrain, il avance ses sabots centimètre par centimètre en tremblotant. Je demande à ma stagiaire de s'éloigner un peu de nous car je sens Hope prêt à se lancer, et je n'aimerais pas qu'il saute sur Domingo pour se rassurer. L'éloignement de Domingo prouve à Hope qu'il est possible de se déplacer dans l'eau, et cela le décide : il saute! Il se fige, les quatre pieds dans l'eau, le dos rond et compacté comme une araignée qu'on dérange et qui se met en boule. Je sens son cœur entre mes mollets qui bat à tout rompre mais je ne crains pas une réaction violente, parce que son entrée dans l'eau a été sa décision. J'ai juste fait une proposition et posé le cadre, je n'ai pas mis de jambes ou cravaché. Et là est la puissance des savoirs éthologiques : on peut faire toute confiance à un cheval qui a pris ses décisions lui-même, même si c'est nous qui les avons impulsées. Je laisse à Hope le temps de gérer ses émotions, qui semblent être intenses.

Quand je sens le rythme cardiaque de Hope ralentir et quand il recommence à bouger pour mettre le nez dans l'eau, je demande à ma stagiaire d'avancer un peu plus profondément dans le lac avec Domingo. Ce dernier est friand de l'exercice puisque lui et sa cavalière vont parfois nager au large. D'ailleurs, ils sont équipés avec une selle sans arçon en tissu, le maillot de bain attitré de Domingo ! Hope suit Domingo, son guide de canyoning, à la trace. Ses naseaux scintillant de gouttelettes d'eau sont dilatés, ses immenses yeux expressifs et très noirs sont grand ouverts et reflètent les brillances du lac par une belle journée de printemps. Il hésite entre appréhension et plaisir d'être dans l'eau. Il y met fréquemment sa tête, pour boire ou simplement barboter. Ma stagiaire aimerait aller plus loin, mais j'ai déjà de l'eau à mi-mollet et Hope ne va pas tarder à perdre pied. Je pense que le faire nager serait un trop gros stress pour une première fois ; sans compter que moi, j'ai ma selle d'obstacle ! Et Hope a déjà correctement encaissé une envolée de canards en réagissant avec modération. J'estime que l'expérience de changement de milieu a été assez puissante pour aujourd'hui. On ne transforme pas du jour au lendemain le petit-fils de Persick, roi du désert, en hippopotame! Hope vient de surmonter de très fortes émotions, mu par le désir de poursuivre sa passionnante collaboration avec sa cavalière. J'y vois la fin de son débourrage. Mais « débourrage » n'a plus vraiment de sens pour moi après les méthodes qui ont été employées. Je préfère utiliser la belle expression de ma sœur et dire qu'aujourd'hui Hope est devenu « un cheval qui fait de l'équitation ».

Raconter comment Hope, mon poulain né il y a 3

ans, a découvert l'envie de partager les plaisirs de l'équitation avec moi a un effet un peu magique en ce soir de pluie battante, de doutes et d'incertitudes sur l'avenir de la filière équestre. Une théorie ne quitte pas mes réflexions du moment, inspirée des dernières recherches en mécanique quantique, sur le sens de la flèche du temps. Ce sens unique et irrévocable est la conséquence du fait que l'entropie ne peut qu'augmenter - notion assez obscure mais souvent vulgarisée en disant que le désordre de l'Univers ne peut aller que croissant. Ou en donnant l'exemple d'un verre cassé, qui ne pourra jamais revenir à son état initial… Ou d'un cheval brutalisé, qui ne sera jamais plus comme avant. Pourtant, et l'idée n'est bien sûr pas de moi, il existe une chose qui peut restructurer ce qui a été défait : c'est l'information. Les atomes et les molécules qui nous composent ne vont pas périr avec nous, ils vont devenir libres et augmenter l'entropie de l'Univers. Sauf si un brin d'ADN - l'information génétique - les recombine en cellules vivantes, en être vivant. Cette expérience d'écriture, cette « recombinaison » d'une période où j'ai parfois ressenti que le temps défilait inexorablement et à perte, a encore fait résonner cette théorie en moi. Le récit reste notre meilleur allié contre le temps qui passe et nous abîme. Là non plus je n'ai pas fait de découverte !

Le jour où Hope a été baptisé « cheval qui fait de l'équitation » dans le lac de Castelnau, nous sommes rentrés au centre équestre par le chemin dit « du petit bonheur », une allée charretière à l'ombre d'une frondaison de chênes, de noisetiers et d'acacias en fleurs. J'étais devant, au trot, et

dans la légère montée j'ai juste dit « galop ». Hope a pris un petit galop léger, aérien, régulier et équilibré, un galop « tapis volant » comme dit ma sœur, le galop que je connais comme étant la marque des grands coursiers. Ces chevaux qui vous emmènent au bout du monde parce qu'ils exultent de le découvrir avec vous.
Lancer Hope au galop sur le chemin du petit bonheur... il est toujours temps.

A ma sœur, avec de l'amour, de l'espoir et des roses parce qu'on les vaut bien.

Merci à ses enfants qui ont été des rayons de soleil pendant ce confinement
Merci à mes parents d'avoir fait ma soeur et de mettre tout en œuvre pour garder une trace matérielle de ce récit.
Merci à ma stagiaire monitrice pour son soutien exceptionnel en cette période où elle aurait pu éviter de venir. Ses capacités de travail et d'écoute feront d'elle une monitrice d'équitation dont les enfants se souviennent toute leur vie.
Merci à l'Accompagnatrice de tourisme équestre qui travaille avec moi et qui a aussi été très présente pour que les soins aux chevaux ne prennent pas tout mon temps.
Merci à tous mes lecteurs en ligne qui ont suivi l'aventure.
　　　　(photo 1ère de couverture – Lise Pacholder)

© 2020, Pacholder, Jessica
Edition : Books on Demand,
12/14 rond-Point des Champs-Elysées, 75008 Paris
Impression : BoD - Books on Demand, Norderstedt, Allemagne
ISBN : 9782322223886
Dépôt légal : mai 2020